Linda Lou Paget

L'ORGASME
SANS TABOU

•MARABOUT•

Ce livre est dédié à ceux qui, désireux d'enrichir leur vie sexuelle, cherchent de l'information fiable et honnête sur le sujet, à ceux qui savent qu'on peut toujours aller plus loin et plus haut.

Ce livre a été publié sous le titre *The Big O*, par Broadway Books, New York, 2000.

Copyright © Linda Lou Paget, 2001.

Copyright © Presses du Châtelet, 2003, pour la traduction française.

Traduit de l'américain par Bénédicte Mayol.

1

L'ORGASME

J'anime des séminaires sur la sexualité depuis dix ans. En ces occasions, on me pose des questions passionnantes – parfois amusantes – ayant trait au sexe, et plus précisément à l'orgasme. Il arrive que certains se demandent – et c'est là le plus surprenant – s'ils connaissent (ou non) le plaisir suprême. Je me souviens notamment de cette femme, veuve depuis peu, et qui n'était pas certaine d'avoir jamais eu un orgasme. « Je n'en jurerais pas ! » m'a-t-elle confié. Un homme s'interrogeait de même : sa fiancée affirmait qu'il la faisait jouir, mais il restait persuadé du contraire.

Peut-on réellement nourrir des doutes à propos d'une chose aussi énorme ? Je répondrai plus loin à cette question.

Il y a peu, un Français de ma connaissance émettait des réserves quant à mon objectivité et à mon ouverture d'esprit à l'égard de la sexualité. Il arguait du fait que, après dix ans de recherches dans ce domaine, je ne pouvais qu'avoir acquis une vision subjective de la question. Je l'ai prié de développer sa pensée. Ce fabriquant de chaînes haute fidélité avait dû exercer son oreille des années durant, afin de pouvoir juger de la qualité d'un équipement stéréophonique. Il avait fini par en développer une aversion pour la musique.

« Ces deux domaines ne sont pas comparables, lui assurai-je. Un mélomane peut émettre un jugement sur un système stéréophonique, mais dans la sphère de la sexualité, il n'existe pas d'échelle de valeurs, heureusement ! »

Je tiens à être claire sur un point : j'ouvre ici un champ des possibles, je ne donne aucune directive quant à ce qu'il « convient » de faire ou de ne pas faire. Tout un chacun devrait pouvoir aborder une rencontre sexuelle sans le moindre préjugé, et s'attendre chaque fois à être surpris, par l'autre, par soi. Dans le domaine sexuel, des territoires vierges – et quasi illimités – s'offrent à nous. L'amour s'apparente à un buffet froid – ou chaud. Il arrive qu'on picore de petits hors-d'œuvre exotiques. En d'autres occasions, on préférera un dîner traditionnel, de l'apéritif aux liqueurs. Tout dépend de l'humeur.

Les informations qui suivent sont destinées à vous donner une meilleure appréhension de votre physiologie, de celle de votre partenaire et des orgasmes de manière générale.

SECRET D'ALCÔVE

Selon Kate White, rédactrice en chef du magazine Cosmopolitan, *la question que posent le plus souvent ses lectrices est la suivante : « Comment puis-je faire pour avoir un orgasme durant les rapport sexuels ? »*

Cet ouvrage peut être lu de façon indépendante, mais on peut également le considérer comme un complément à mes deux précédents traités sur la sexualité, parus chez le même éditeur. *L'Art de faire l'amour à une femme* visait au bonheur des dames ; *L'Art de faire l'amour à un homme*, à celui des messieurs. Le présent manuel est destiné au couple. Je reprends ici diverses techniques, comme « l'ode à Bryan », et autres jeux de bouche tels que « le sceau » et « l'anneau », à l'intention de mes nouveaux lecteurs, qui pourront utilement se référer à mes autres livres. Bienvenue aux nouveaux adeptes de la science érotique !

FAITS HISTORIQUES ET HYSTÉRIQUES

Voici quelques définitions savoureuses de l'acte sexuel :

« Entrer et la reconnaître une fois de plus. » (Phrase attribuée à Louis XV)

« Viser l'avenir avec sa lance. » (Franz Liszt)

« Un long entretien. » (Anonyme)

« Un manque de respect pour ma personne. » (Anonyme)

« Un outil. » (Lord Byron)

« Un tour de manège. » (Élisabeth Ire)

« Être submergé par la sympathie. » (Anonyme)

« Avoir le sentiment d'être une femme. » (Anonyme)

Tout un chacun mérite, à mon sens, de posséder des informations exactes et amusantes sur le sujet. En effet, nos sociétés maintiennent encore les jeunes filles dans l'ignorance de leur propre sexualité. Les jeunes gens ne me semblent pas mieux lotis. Il arrive ainsi qu'ils reçoivent – puis transmettent – des notions erronées sur la question, qu'il s'agisse de leur propre physiologie ou de celle des femmes.

FAITS HYSTÉRIQUES

Les Américains ont le plus souvent des rapports sexuels en fin de semaine, vers 23 heures.

La plupart des couples que je côtoie tiennent à avoir une vie sexuelle active et riche en surprises. On sait que le désir s'émousse avec le temps. Je souhaite à ces gens de trouver ici les moyens d'entretenir leur passion, ou de donner un nouveau souffle à leur vie sexuelle. Deux tendances se sont fait jour lors de mes séminaires sur la sexualité : une curiosité grandissante à cet égard, et la volonté d'expérimenter des styles (et accessoires) érotiques inédits. Après qu'un homme et une femme ont essayé et aimé un jouet érotique particulier, ils l'intègrent à leur vie sexuelle et l'utilisent chaque fois qu'ils le désirent.

Je parlerai notamment dans cet ouvrage de l'aspect physiologique de l'orgasme. Nous connaissons désormais les divers trajets qu'emprunte l'influx nerveux lors de tel ou tel type d'orgasme, et les muscles sollicités en ces occasions.

Des produits tels que le Viagra ont donné une nouvelle dimension à la sexualité. Les effets bénéfiques de ce médicament ont tout d'abord échappé aux chercheurs qui, à l'origine, en prescrivaient aux hypertendus. Ils ont fini par découvrir que ces malades avaient, grâce au Viagra, des érections (et des rapports sexuels) pour la première fois depuis des années. Le laboratoire Pfizer, qui fabrique le Viagra, a fait fortune grâce aux effets secondaires de ce remède !

Quant aux orgasmes féminins, les modes vont et viennent. Nous avons connu la prééminence de l'orgasme clitoridien, puis la quête de l'extase par le point G. Là-dessus, on a affirmé que toutes les femmes éjaculent en jouissant. Nombre de femmes connaissent effectivement toutes les extases précitées, et en retirent un plaisir inouï. Mais ne généralisons pas.

Je tiens quant à moi les médias américains et l'industrie pornographique pour responsables de l'émergence, puis de l'accréditation, de vérités fabriquées. Ceux-là n'ont bien souvent d'autre objectif que l'appât du gain et l'attrait du sensationnel. Ils pèchent, hélas, par légèreté, connaissant mal leur sujet.

FAITS HYSTÉRIQUES

D'après un rapport récent du *New England Journal of Medicine*, 30 % des femmes ont une activité sexuelle accrue durant la pleine lune.

Comment avoir la certitude que telle ou telle information concernant la sexualité est exacte, en partie vraie, ou carrément fausse ? J'évoquerai, au chapitre 2, un certain nombre de mythes sur le sujet, ainsi que la façon dont ils nous affectent au quotidien.

Au chapitre 3, je parlerai des manifestations physiologiques de l'orgasme, de ses répercussions sur nos organes sexuels, sur notre corps. Des diagrammes illustrent mes explications, afin que votre partenaire et vous-même appréhendiez mieux ces divers phénomènes. Vous constaterez que les chemins et les *tempi* de l'extase diffèrent selon les sexes. Il convient que votre partenaire et vous-même soyez conscients de ces dissemblances.

Je vous informerai également de l'impact, positif ou négatif, de certains médicaments sur la libido. J'ai pris en considération des facteurs tels que l'âge, la condition physique, mais aussi les émotions qui, constamment changeantes, influent sur notre aptitude à ressentir du plaisir.

L'échange sexuel est une expérience multidimensionnelle, qui concerne aussi bien le corps que l'esprit. Avez-vous jamais souffert d'inhibitions ? Au chapitre 4, je traite de l'aspect psychologique de l'orgasme. Je ne vous incite pas à faire tout et n'importe quoi, mais plutôt à vous libérer de ces interdits et autres résistances qui cantonnent votre vie sexuelle dans des limites frustrantes. Vous en ressentirez un réel bien-être ! En effet, la vitalité et, dans une certaine mesure, l'estime de soi vont de pair avec une vie sexuelle épanouie. À supposer que ces qualités soient partagées, qui peut dire quelles frontières ultimes de l'intimité et du plaisir vous atteindrez, votre partenaire et vous ? Pourquoi se priver d'une expérience aussi essentielle ?

Les chapitres 5 et 6 explorent les différents types d'orgasmes chez l'homme et chez la femme, ainsi que les diverses techniques menant à ces plaisirs variés.

Les deux chapitres suivants traitent l'un des problèmes de santé nuisant à l'extase sexuelle, l'autre des stimulants sexuels tels que les aphrodisiaques, les lubrifiants et les techniques de massage.

En conclusion, j'évoquerai la dimension spirituelle de la sexualité, m'appuyant sur les philosophies orientales visant à prolonger la durée d'une érection, à maîtriser l'éjaculation, à éprouver des orgasmes plus intenses et plus longs.

J'espère que ceux d'entre vous qui vivent en couple liront ce texte ensemble. Vous y puiserez des informations ayant pour but de vous ouvrir des horizons, de piquer votre curiosité, de fouetter votre imaginaire. À vous de jouer !

2

EN FINIR AVEC LES PRÉJUGÉS

Les préjugés

Dans ce chapitre, je m'attaque à diverses idées reçues concernant les orgasmes. Elles sont légion. Voici quelques mythes très répandus dans la culture populaire :

- Les orgasmes simultanés sont les plus satisfaisants. Ils sont la condition *sine qua non* de l'harmonie sexuelle dans le mariage.

- On obtient une santé florissante par l'abstinence sexuelle.

- Un enfant risque de porter une marque de naissance si sa mère a rencontré son père après avoir eu des relations sexuelles avec un autre homme durant une longue période.

- Toutes les femmes ont des orgasmes vaginaux.

- Les femmes qui connaissent des orgasmes multiples sont de moins bonne moralité que les autres.

- Seuls certains types d'orgasmes comptent.

Ces affirmations, toutes fausses – et sans doute tendancieuses –, émanent de la culture judéo-chrétienne, puritaine et répressive.

Un autre mythe stipule que seuls les hommes éjaculent. Erreur ! Nombre de femmes émettent un fluide au moment de l'orgasme. Il arrive que l'on confonde, à tort, ces sécrétions avec l'urine. Peut-être parce qu'elles proviennent des glandes péri-urétrales, c'est-à-dire situées de chaque côté de l'urètre.

SECRET D'ALCÔVE

Selon la sexologue Helen Fisher, « Les pulsions sexuelles féminines sont soumises à des fluctuations plus importantes que chez l'autre sexe. Le contexte social et émotionnel a un impact plus grand sur la libido de la femme que sur celle de l'homme. »

Le professeur Beverly Whipple a attiré l'attention du public sur le point G, avec l'aide des chercheurs Alice Kahn Ladas et John D. Perry. Lorsqu'on stimule cette zone érogène, cela peut provoquer une éjaculation. Les femmes éjaculent de même suite à une vive excitation. Cela dit, nombre de femmes ne prennent conscience du phénomène qu'après avoir entendu parler de l'éjaculation féminine, comme en témoigne cette anecdote ayant pour cadre un palace de Londres et que relate l'une de mes clientes. Elle était assise sur son amant, il la léchait, l'excitation montait. Au moment où la jeune femme allait jouir, son partenaire l'a repoussée, lui affirmant qu'elle lui avait uriné dessus. Mortifiée, ma cliente s'est précipitée dans la salle de bains. Inutile de préciser que ce quiproquo a mis un terme brutal à leur échange amoureux.

Dès leur retour à New York, la jeune femme s'est interrogée sur cet étrange épisode, persuadée qu'elle n'avait pas uriné sur son fiancé. Lors d'un séminaire, comme nous parlions de l'éjaculation féminine, la lumière s'est faite dans son esprit. « Oh, mon Dieu ! s'est-elle exclamée, c'est ce qui m'est arrivé à Londres ! » Soulagée, libérée de sa honte, ma cliente a couru expliquer la chose à son amant.

SECRET D'ALCÔVE

Freud a été l'un des premiers à parler de l'orgasme de la femme. Selon lui, seul l'orgasme vaginal pouvait être considéré comme « adulte ».

Nombreuses sont les femmes qui méconnaissent les manifestations orgasmiques, ou simplement leur propre corps. Revenons sur certains préjugés.

- Si une femme ne connaît pas l'orgasme avant ses premières règles, elle pourrait ne plus jamais être capable de jouir. (Faux ! Il n'y a pas d'âge pour vivre une première extase sexuelle.)
- 23 % des femmes ont un premier orgasme vers l'âge de 15 ans, les autres, vingt ans plus tard. Ces chiffres incluent la jouissance par la masturbation, par le fantasme, suite à une stimulation manuelle ou/et orale du sexe par un partenaire, ou durant le sommeil.
- Un homme ne peut jouir que s'il est en érection. (Faux ! Un homme peut avoir un orgasme et éjaculer sans être en érection.)

- Après la ménopause, les femmes ne s'intéressent plus au sexe. (Faux ! Cette entrée dans l'âge mûr requiert souvent des ajustements dans la vie sexuelle d'un couple, mais ne s'accompagne en aucun cas d'une lassitude sexuelle. Ce mythe découle peut-être de l'idée dépassée selon laquelle on ne doit avoir des rapports sexuels que pour procréer.)

- Les pulsions sexuelles disparaissent passé un certain âge. (Faux ! Un rapport de l'Institut Masters et Johnson montre que les hommes et les femmes du troisième âge ont une libido exigeante. Parmi les personnes citées, les patients les plus âgés avaient respectivement 93 ans – l'homme – et 88 ans – son épouse.)

- Les hommes sont toujours prêts à avoir une activité sexuelle. (Faux ! Afin de se détendre et de s'exciter sexuellement, les messieurs ont besoin, tout comme les dames, de préliminaires. Ils n'entrent pas en action sur commande.)

- La masturbation rend impuissant. (Faux ! Il se peut que ce mythe nous arrive tout droit de la Rome antique, où il visait à contenir les débordements de certains éléments – trop sémillants – du troupeau !)

SECRET D'ALCÔVE

Lors du coït, les Mélanésiens préfèrent s'agenouiller entre les cuisses écartées d'une femme plutôt que de s'allonger sur elle. D'après eux, le succès de la position du mission-naire viendrait du fait que les hommes aiment clouer leur partenaire au sol afin de l'empêcher de réagir.

Ces préjugés, parfois fondés sur des faits ou sur des semblants de vérité puis déformés au fil du temps, évoluent, au mieux, vers des généralisations abusives, qui ont souvent des effets pernicieux. Lorsque la science a découvert que les femmes pouvaient avoir des orgasmes multiples, le public et les médias ont eu tôt fait de s'emparer de cette vérité et de la transformer en diktat : « Pour devenir une "vraie" femme, il convient d'avoir des orgasmes à répétition. » Cette occasion de ressentir plus de plaisir s'est muée, par la faute des médias, en casse-tête pour bien des couples. De même que le battage autour du point G, prétendument pourvoyeur des plus vives extases. Cela est fort bien pour les femmes qui connaissent cet orgasme-là. En revanche, celles dont le point G reste sourd à toute sollicitation se sentent – injustement – infériorisées : elles ont le sentiment que quelque chose ne fonctionne pas chez elles. Après qu'on a exigé des femmes qu'elles ressemblent à des *top models*, on les somme de se conformer à telle ou telle manière de jouir. Le professeur Bernie Zilbergeld tente, et je lui donne raison, de démystifier le point G. Dans la mesure où une dame et son partenaire localisent cette petite zone située sur la partie basse antérieure du vagin et où elle se révèle être une source de plaisir, réjouissons-nous. Dans le cas contraire, n'oublions pas que le corps féminin recèle maintes parties sensibles, capables de susciter un orgasme quand on les excite.

FAITS HYSTÉRIQUES

Dans un lointain passé, on croyait dur comme fer que les hommes se vidaient d'une partie de leur matière cérébrale en éjaculant.

La gent masculine subit ces mêmes pressions insidieuses. Dans la société des orgasmes à répétition, les messieurs qui ne se sentent pas capables de ce genre de performance risquent de nourrir un complexe d'infériorité. Nombre d'hommes acquièrent effectivement la maîtrise nécessaire pour connaître des extases multiples – il suffit essentiellement de faire travailler ses muscles pelviens. Toutefois, cela ne constitue pas la condition *sine qua non* pour être un amant hors pair.

FAITS HYSTÉRIQUES

Les éléphants ne peuvent avoir d'érections que pendant la période des amours. De plus, ils ont un pénis mobile, capable de mouvements autonomes, ce qui est une bonne chose, vu le poids de l'animal !

Ces préjugés desservent aussi bien les hommes que les femmes, car ils entament leur confiance en eux en tant que sujets sexuels. Or la confiance en soi, à cet égard, permet d'oublier ses inhibitions et de s'abandonner au plaisir. Cette constatation s'applique à toutes les choses de la vie, qu'il s'agisse de conduire une voiture, d'investir dans une nouvelle société ou de satisfaire sexuellement son partenaire. Plus un humain se sent à l'aise avec sa sexualité, plus il parvient, semble-t-il, à éprouver du plaisir.

Il n'y a pas, selon moi, de règles à enfreindre ou à respecter. À vous de choisir. Recherchez ce qui vous emballe et vous fait du bien. Fuyez ce qui vous paraît artificiel ou perturbant. Osez vous fier à votre jugement : c'est à vous de décider…

Au-delà du bien et du mal : le tango du plaisir

Les idées préconçues ne font également que renforcer les barrières culturelles (ou les interdits personnels) qui empêchent les êtres humains de s'accomplir sur le plan sexuel. Ces préjugés anciens, d'origine puritaine, ont pour but de freiner nos expériences sexuelles, voire de limiter notre capacité à éprouver du plaisir. Les réflexions du professeur Mitchell Tepper sur l'histoire de la sexualité sont claires sur ce point : les croyances religieuses ou populaires selon lesquelles la sexualité est immorale, le plaisir un péché et l'orgasme un aller simple pour l'enfer existent depuis l'Antiquité. Les Grecs furent les premiers à imposer ces diktats, l'Église catholique romaine les reprit à son compte et les peaufina, les puritains qui s'installèrent en Amérique du Nord les renforcèrent. Ainsi le puritanisme a-t-il laissé son empreinte dans les mentalités.

De là l'idée qu'il est immoral d'éprouver du plaisir lors des rapport sexuels. Comme le remarque très justement le professeur Tepper : « Les Américains, qu'ils soient chrétiens ou non, sont les héritiers du puritanisme. Le fait de prendre conscience de cette réalité pourrait les aider à tirer au clair la position ambiguë qui est la leur à l'égard de la sexualité. »

SECRET D'ALCÔVE

Saint Augustin estimait que la femme était le plus grave obstacle au salut de l'homme. Ce mystique, animé, comme nous tous, de désirs contradictoires, priait Dieu de le « rendre chaste – mais de grâce, pas tout de suite ».

L'avènement de la psychanalyse, dans le dernier quart du XIXᵉ siècle, fera beaucoup contre la cause du puritanisme. Aux États-Unis, toutefois, il faudra attendre le mouvement de libération de la femme pour redonner ses lettres de noblesse à l'orgasme et faire comprendre que la satisfaction sexuelle fait du bien à tout le monde.

FAITS HISTORIQUES ET HYSTÉRIQUES

On pensait, au Moyen Âge, que le fait d'avoir des poils pubiens raides trahissait un goût effréné pour la masturbation. Cela explique sans doute l'engouement de l'époque pour les petits fers destinés à friser ladite toison.

Le fait d'avoir associé, pendant si longtemps, le sexe au péché, aura d'évidence laissé des traces – dommageables – dans l'inconscient humain. L'homme a perdu sa spontanéité sexuelle, à force de vouloir brider ses instincts. Comment éprouver du plaisir si nous craignons inconsciemment de nous laisser aller ? Bardé d'interdits, l'homme se coupe du plaisir sexuel sous toutes ses formes.

Lisons entre les lignes

Permettez-moi d'apporter ma petite contribution au magma confus d'informations dont nous disposons en matière de sexualité. L'orgasme féminin a notamment suscité maintes controverses chez les scientifiques. Selon Sigmund Freud, le père de la psychanalyse, les orgasmes résultant d'une stimulation du clitoris sont le signe d'une certaine immaturité sexuelle – et donc à opposer aux orgasmes vaginaux. Par la suite, les études conduites par Masters et Johnson prouvèrent que tous les orgasmes de la femme ont pour source première le clitoris. Là-dessus, les chercheurs ont commencé à parler du point G. Il existait donc au moins une zone, dans le vagin, dont la stimulation déclenchait un orgasme. Cependant, les premières recherches menées par Masters et Johnson niaient la réalité de l'éjaculation féminine. Lorsque ce phénomène fut enfin reconnu, les médias s'en emparèrent : la nouvelle se répandit à une vitesse folle.

La vulgarisation scientifique en matière de sexualité me paraît être une chose utile et salutaire. Je me méfie toutefois des informations incomplètes. Certains scientifiques et autres sexologues continuent notamment d'affirmer que toutes les femmes éjaculent lors des rapports sexuels – une thèse reprise par les journaux féminins.

Les chercheurs de l'Institut Masters et Johnson, pour leur part, affirment (à tort) que l'influx nerveux du plaisir ne connaît qu'une seule voie. Ils se réfèrent au nerf honteux, affirment que tous les orgasmes féminins ont pour source le clitoris. D'autres scientifiques, dont Beverly Whipple, ont démontré que les orgasmes de la femme empruntent au moins deux itinéraires différents. L'un de ces chemins suit notamment le trajet des nerfs reliant le point G, le vagin et l'urètre.

Restez vigilants, donc, sachez lire entre les lignes et laissez-vous guider par votre propre expérience.

FAITS HISTORIQUES ET HYSTÉRIQUES

« Victoria Woodhull, prostituée, spiritualiste, courtière à Wall Street, directrice d'un journal national, s'est présentée aux élections à la présidence des États-Unis contre Ulysses S. Grant et Horace Greeley en 1872 », note Irving Wallace. « Lors de sa campagne, elle prônait l'amour libre, le port de jupes courtes, l'abolition de la peine de mort, l'alimentation végétarienne, l'impôt sur les grandes fortunes, la contraception, des programmes de logements sociaux, l'assouplissement des lois sur le divorce, un gouvernement mondial, et l'orgasme de la femme. » Une femme vraiment en avance sur son temps…

Le pouvoir des médias, pas si anodin que cela

Aujourd'hui, tous ces préjugés concernant la sexualité continuent à avoir des effets – parfois dévastateurs – sur les consciences. Ces images de l'homme et de la femme modèles, par exemple : c'est une longue fille sexy, c'est un athlète bien bâti. Deux stéréotypes assez peu représentatifs des populations, avouons-le. Malgré cela, les deux sexes, qui arrivent rarement à atteindre de tels clichés, se sentent très dévalorisés et développent des images de soi négatives.

Je l'ai dit plus haut : les lectrices des magazines féminins se demandent massivement comment procéder pour avoir un orgasme lors d'un rapport sexuel. Ces jeunes femmes subissent le despotisme d'amants souvent plus âgés et plus expérimentés qu'elles, qui exigent de leur part des orgasmes dont elles ne se donnent pas les moyens, comme un orgasme vaginal alors que le couple se trouve dans la position du missionnaire. Voilà une position qui dessert la plupart des femmes, mais les hommes tentent souvent de satisfaire sexuellement leur partenaire « comme dans les films pornos », c'est dire que leurs sources d'information sont truquées et à tout le moins peu réalistes. Il y a aussi le scénario du vaniteux qui tient à tout prix « à la faire jouir ». Ces notions de performance sexuelle me paraissent préjudiciables pour les deux sexes : le résultat est souvent l'inverse de la fin souhaitée.

Quels sont les critères du sexy ?

Un autre travers des médias consiste à nous asséner diverses définitions du sexy. Encore une fois, il s'avère dangereux d'établir une comparaison – généralement peu flatteuse – entre soi et ces stéréotypes médiatiques. Il n'y a, selon moi, qu'un seul et unique critère de séduction : si vous vous sentez sexy, vous l'êtes.

Au cours de mes séminaires, les personnes les plus sûres de leur charme sont celles qui se sentent bien dans leur corps. Ces participants – hommes et femmes confondus – offrent un éventail de tailles, de genres, de physiques des plus variés. Nous connaissons tous une femme qui n'est pas une beauté mais qui a un succès fou auprès des hommes. Pourquoi ? Parce qu'elle ne doute pas d'être sexy et désirable.

La chose reste valable pour les messieurs. Un Adonis ne se révèle pas nécessairement irrésistible. En revanche, l'homme le plus sexy de la terre sera toujours celui qui apprécie la compagnie des femmes, qui se montre prévenant et qui s'intéresse à elles. Pourquoi l'humour a-t-il autant d'effet sur les dames ? Parce que l'homme spirituel fait un effort conscient pour amuser la femme qu'il veut conquérir.

FAITS HYSTÉRIQUES

Chez certains peuples caraïbes, les rapports sexuels nocturnes étaient tabous. Ils craignaient en effet qu'un enfant conçu durant la nuit ne naisse aveugle.

La séduction ne tient pas tant à un physique avantageux qu'à une bonne connaissance de sa sexualité, et à une bonne dose de confiance en son propre charme et en son sex-appeal. Dites à votre partenaire à quel point il – ou elle – vous plaît ou vous excite, et pourquoi. Il – ou elle – appréciera.

Diverses notions du plaisir

Avant de voir de quelles façons – nouvelles et plus jouissives – vous atteindrez l'extase sexuelle, il me paraît important de revenir sur la notion même de plaisir. Les gens qui se font du plaisir une idée étriquée, de par leur attitude ou leur inexpérience, n'éprouveront que des sensations limitées. Cercle vicieux… En revanche, plus l'on se montre ouvert au plaisir sous toutes ses formes, plus on a de chances d'atteindre et d'approfondir la jouissance. Alors, qu'est-ce que le plaisir ?

Le dictionnaire *Le Robert* dit du plaisir, dans sa définition moderne : « État affectif fondamental (affect), un des deux pôles de la vie affective ; sensation ou émotion agréable, liée à la satisfaction d'une tendance, d'un besoin, à l'exercice harmonieux des activités vitales. »

Un sexologue américain catégorise le plaisir comme suit : physio-plaisir (dont le corps est la source), socio-plaisir (trouvé en compagnie d'autres personnes), psycho-plaisir (généré par l'action), et idéo-plaisir (ressenti par l'exercice de la création, artistique ou non).

Ainsi, nous éprouvons du plaisir par différents canaux, et ceci est vrai également du plaisir sexuel. À partir des années 1970, l'Institut Masters et Johnson, et les milieux scientifiques de manière générale, considèrent que le cerveau est lui aussi, au même titre que le corps, un organe sexuel.

Aussi les préjugés, religieux ou culturels, ont-ils un impact énorme sur la qualité du plaisir et la capacité à jouir. Les personnes qui jugent l'acte de chair sale, qui font fi de l'orgasme comme d'une chose inutile et, bien pis, comme étant l'indice d'une mauvaise moralité emportent leurs préjugés au lit. Une femme qui a de la difficulté à s'abandonner aux caresses de son partenaire lorsque celui-ci stimule son clitoris pourrait bien obéir à quelque voix inconsciente lui soufflant qu'il n'est pas correct de prendre plaisir à ce genre de jeux.

Beaucoup de gens se considérant comme sexuellement libérés n'en subissent pas moins à leur insu le poids d'interdits ancestraux, familiaux, moraux. Nous le verrons au chapitre 4 : le rapport charnel, et plus spécifiquement les orgasmes, sont avant tout des jeux de l'esprit. La première étape consiste à évaluer votre attitude à l'égard du sexe de façon honnête. Une chose est sûre, toutefois : le plaisir sexuel constitue pour chacun une aventure unique, fonction de son histoire personnelle, de son éducation, de sa culture – induite, acquise – de son comportement, de ses croyances.

L'orgasme comme liberté
et non comme dictature

La sexologue Beverly Whipple insiste bien sur ce point : l'orgasme ne devrait pas devenir une fin en soi. Heureux aboutissement, heureuse surprise pour certains, l'extase sexuelle est toujours souhaitable – et souhaitée, mais pas « incontournable ». Selon le professeur Whipple, il convient de prendre plaisir à tout, de magnifier le baiser, les préliminaires, les échanges et contacts divers. Chaque moment sexuel, selon elle, ne devrait pas être une étape, et devrait pouvoir se suffire en soi.

À cet égard, le malentendu reste fréquent entre hommes et femmes. Monsieur tient absolument à jouir, madame préfère prendre son temps, et savourer chaque instant. Des problèmes surgissent au sein des couples quand les objectifs ne sont pas les mêmes, ou bien lorsqu'ils demeurent inexprimés.

Quoi qu'il en soit, l'orgasme reste une affaire personnelle, comme l'ont si bien compris les chercheurs Hartman, Fithian et Campbell, qui ont inventé l'expression : « empreinte orgasmique », pour montrer que l'orgasme de chaque femme est unique. Aussi, mesdames, refusez à tout prix d'entrer dans un moule ou de suivre un quelconque modèle réducteur qui risquerait de mutiler l'expression vraie et unique de votre sexualité.

Au chapitre suivant, nous étudierons le corps de l'homme et celui de la femme, leurs réactions durant l'orgasme. Souvenez-vous alors qu'il n'y a pas de bonne ou de mauvaise manière de prendre du plaisir, et que la volupté a ses raisons…

3

L'ASPECT PHYSIQUE
DE L'ORGASME

L'audace du corps

Dans notre imaginaire, l'acte sexuel et les orgasmes qui l'accompagnent restent une activité physique, au cours de laquelle le corps s'exprime. D'un point de vue strictement physiologique, nous pouvons considérer le corps comme le véhicule de notre plaisir.

Il convient de connaître ses réactions physiques et de se sentir bien dans sa peau pour avoir une vie sexuelle épanouie. Pourtant, d'après mon expérience, nombre de personnes des deux sexes ne savent pas réellement ce qui se produit en elles lors d'un échange sexuel. Je vois deux raisons à cela. D'une part, le sexe reste une affaire intime, privée – il est rare qu'on ose en parler librement. D'autre part, nous recevons des informations parfois contradictoires sur la sexualité.

Il arrive que nous ne soyons pas en état d'éprouver du plaisir. Cela tient à divers facteurs : maladie, stress, fatigue, préoccupations diverses, problèmes psychologiques. Toutefois, si nous ignorons de quelle façon notre corps est supposé réagir en situation sexuelle, nous ne pourrons pas savoir s'il fonctionne de façon satisfaisante ou pas. Lorsque nous avons acquis un minimum de connaissances à ce sujet, nous disposons de critères nous permettant de juger de nos réactions, de leur intensité – ou de notre absence de répondant. Dans ce dernier cas, nous pouvons envisager de consulter un spécialiste.

Les différentes phases de l'orgasme : deux volontés conjuguées

Dans leur premier ouvrage sur le sujet, Masters et Johnson décrivent les modifications physiologiques que connaissent le corps de l'homme et celui de la femme durant un rapport charnel comme un cycle, qu'ils ont choisi de diviser en quatre phases :

1. Excitation ou éveil des sens
2. Plateau ou palier (stabilisation)
3. Orgasme
4. Résolution

Dans le dernier quart du XXe siècle, cette partie de leur travail a été largement diffusée, et considérée comme une vérité. Cependant, l'orgasme de la plupart des gens ne se décline pas de cette façon. D'après le professeur Bernie Zilbergeld (se référer à son ouvrage révolutionnaire : *The New Male Sexuality*), Albert Kinsey voit plus juste. « Il n'y a pas deux individus qui réagissent de la même façon sur le plan sexuel. Telle est la seule constante de la sexualité humaine. » En d'autres termes, il n'existe pas de manière « juste » ou « normale » de vivre une rencontre charnelle. Vos réactions, et celles de votre partenaire, sont le résultat d'une synergie complexe de nombreuses variables, dont votre âge, votre condition physique, votre état psychologique, émotionnel, votre degré d'excitation, les gestes érotiques de votre partenaire, et les sentiments que vous nourrissez à son égard.

FAITS HYSTÉRIQUES

La durée de la copulation est de deux secondes chez l'abeille, de huit secondes chez le chat, d'une à trois minutes pour l'ours brun, et de quatre heures pour le ver de terre.

Le vison détient toutefois le record d'endurance sexuelle : il est capable de poursuivre un coït huit heures durant !

SECRET D'ALCÔVE

Selon le professeur Herbert Otto, la plupart des sexologues sont arrivés à la conclusion que la sexualité est, pour l'essentiel, un acquis. Notre comportement et nos réactions sexuels nous ont été transmis, mais aussi nos a priori quant à l'orgasme. Ce que nous savons de la sexualité serait en quelque sorte l'héritage de notre famille, de la société dans laquelle nous avons vécu et vivons. On est alors en droit de s'interroger sur la nature de ces acquis, et de se demander quel est leur impact sur le potentiel sexuel d'un individu.

LE CYCLE ORGASMIQUE DE LA FEMME (CI-DESSOUS)

Trois variations représentatives de la réponse sexuelle de la femme. La courbe 1 dessine des orgasmes multiples ; sur la courbe 2, l'excitation sexuelle atteint le niveau du plateau sans déboucher sur un orgasme ; la courbe 3 illustre de brèves chutes de la tension sexuelle, suivies par une phase de résolution encore plus rapide. Notez également que, contrairement aux hommes, les femmes ne connaissent pas de période réfractaire dans le cycle de leur réponse sexuelle.

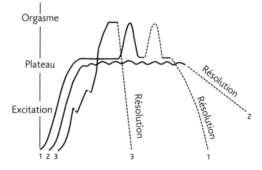

LE CYCLE ORGASMIQUE DE L'HOMME (À DROITE)

(a) Schéma illustrant les réactions sexuelles les plus courantes chez l'homme. La ligne en pointillé figure une variation possible : un second orgasme avec éjaculation après la période réfractaire. (b) L'excitation reste longtemps au stade du plateau, mais ne débouche pas sur l'orgasme et l'éjaculation. Notez qu'il n'y a pas de période réfractaire dans ce cas, et que la résolution se fait beaucoup plus lentement. (c) Phase d'excitation initiale erratique et plateau relativement bref précédant l'orgasme.

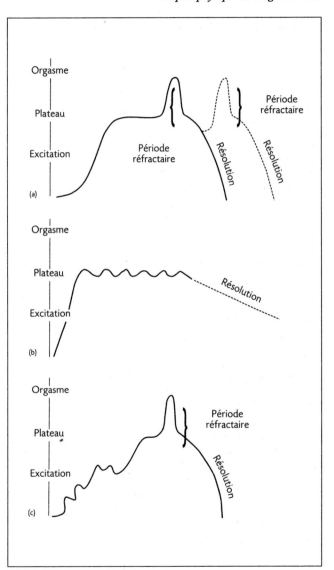

Un éminent sexologue, le professeur Lasse Hessel, offre une description légèrement différente des cycles orgasmiques de l'homme et de la femme. Il divise le coït en cinq phases, une description qu'il juge lui-même théorique car « les phases se confondent partiellement, elles ne se succèdent pas ».

1. Préliminaires
2. Stimulation érotique
3. Dilatation (expansion de la partie supérieure du vagin chez la femme et érection chez l'homme)
4. Orgasme
5. Relaxation

Le professeur Hessel établit une distinction entre les préliminaires et la stimulation érotique, reconnaissant ainsi une composante psychologique à l'excitation sexuelle. Durant les préliminaires, un homme et une femme font monter l'excitation, se préparent réciproquement au coït, utilisant pour cela des rituels ou parades érotiques. Ce prélude, plus que les étapes suivantes, se situe sur les plans émotionnel et mental. Ensuite, les amants stimulent leur désir par des caresses, des baisers qui mettent leurs corps en condition, le sang afflue alors plus vivement vers les parties génitales. Lors de la troisième phase, l'afflux sanguin s'accroît au point que les organes sexuels sont complètement gorgés de ce fluide vital : chez la femme le vagin et le clitoris deviennent hypersensibles et turgescents ; chez l'homme, le pénis est en érection, le scrotum enfle ou se rétracte.

Le quatrième acte se caractérise par l'orgasme et le cinquième équivaut à un retour au calme, similaire à ce que Masters et Johnson appellent résolution. Bien que l'excitation sexuelle et son accomplissement suivent, pour une large part, des schémas universels, les experts développent chacun leur définition de ces divers stades, leur nombre et, de façon plus subtile, leur nature.

À mon sens, il convient de se familiariser avec la dynamique libidinale dans son ensemble afin d'évoluer à l'aise dans toutes sortes de situations sexuelles. Gardons présente à l'esprit une évidence qu'on a trop tendance à oublier : on ne peut amener son partenaire à l'orgasme si l'on a bâclé les préliminaires. Cela est d'autant plus vrai, messieurs, dans la mesure où vous n'avez pas laissé le temps à une femme de s'éveiller au plaisir. Et vous, mesdames, désirez-vous vraiment pousser votre homme à jouir alors qu'il a envie d'être, d'abord, caressé et cajolé ?

Le professeur Hessel insiste sur ce point : « Il ne suffit pas de savoir s'occuper physiquement de son partenaire pour que le rapport charnel soit excitant et satisfaisant. » Les préliminaires sont au moins aussi importants et générateurs de plaisir que le coït en soi. De façon générale, les femmes ont besoin d'un temps plus long pour atteindre le même degré d'excitation que les hommes. Ceux-ci sauront prendre cette réalité en compte.

Le cycle orgasmique de l'homme

Les modifications physiologiques majeures qui interviennent chez l'homme durant un coït résultent d'une congestion des vaisseaux, donc de l'accumulation de sang dans diverses parties du corps. La tension musculaire s'accroît, le pouls s'accélère. Au moment de l'orgasme, la tension musculaire cède, et la circulation sanguine reprend un rythme normal.

L'excitation

Pour l'homme comme pour la femme, une réaction d'ordre sexuel naît d'une stimulation voluptueuse comme une caresse, une odeur, une image, une pensée, ou toute chose ayant une charge érotique pour le sujet. Le cerveau donne l'ordre au système nerveux central de gorger de sang les parties génitales, qui augmentent de volume, prennent une teinte plus foncée, deviennent plus sensibles aux attouchements. Il va sans dire qu'à cet égard, Mère Nature savait ce qu'elle faisait !

Votre pénis, vos lèvres, vos lobes d'oreilles et vos mamelons sont plus irrigués, ce qui les rend plus sensibles à toute stimulation. Les poils se dressent sur vos bras si votre partenaire caresse ceux-ci. D'autres parties du corps, comme les seins – cela est vrai pour les hommes comme pour les femmes – s'éveillent au plaisir et changent de forme. Le scrotum, par exemple, se contracte et devient plus dense alors que le volume des testicules, gorgés de sang, augmente. Les testicules remontent dans l'enveloppe scrotale, et appuient contre l'os pelvien. C'est une fine couche musculaire, à l'intérieur du scrotum, ou muscle crémastérien, qui

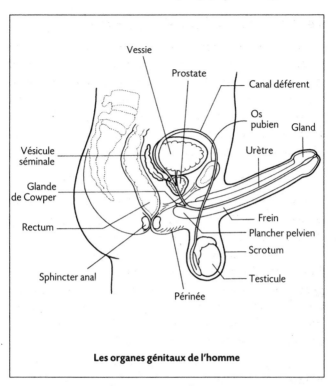

Les organes génitaux de l'homme

SECRET D'ALCÔVE

Selon le professeur Milsten, l'émission de testostérone chez l'homme suit un rythme circadien, avec un taux maximal le matin, et un taux minimal le soir. La production de cette hormone baisse dès 45 ans. De plus, la taille et le poids des testicules décroît avec le temps. La concentration en testostérone chez un homme de 70 ans sera deux fois moindre que chez un sujet de 35 ans.

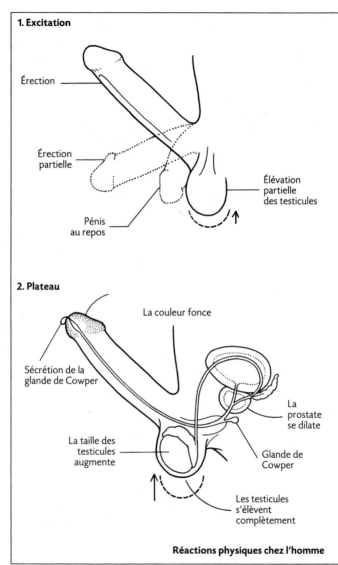

1. Excitation

Érection

Érection partielle

Pénis au repos

Élévation partielle des testicules

2. Plateau

La couleur fonce

Sécrétion de la glande de Cowper

La prostate se dilate

La taille des testicules augmente

Glande de Cowper

Les testicules s'élèvent complètement

Réactions physiques chez l'homme

3. Orgasme

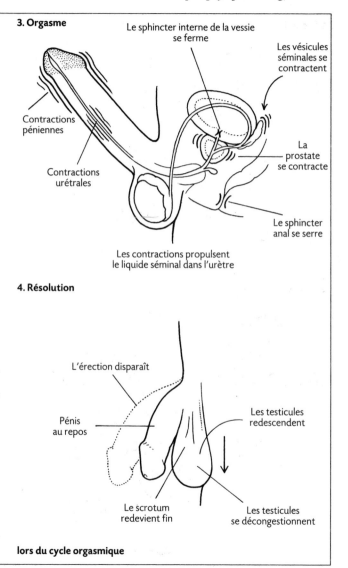

Le sphincter interne de la vessie se ferme

Les vésicules séminales se contractent

Contractions péniennes

Contractions urétrales

La prostate se contracte

Le sphincter anal se serre

Les contractions propulsent le liquide séminal dans l'urètre

4. Résolution

L'érection disparaît

Pénis au repos

Les testicules redescendent

Le scrotum redevient fin

Les testicules se décongestionnent

lors du cycle orgasmique

rend ce mouvement possible. L'élévation des testicules précède l'éjaculation, qui ne peut avoir lieu sans cette « ascension ».

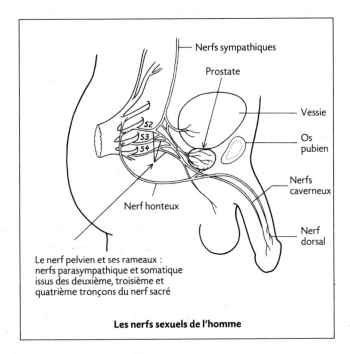

Les nerfs sexuels de l'homme

L'érection

L'érection du pénis obéit aux lois de la dynamique des fluides. Chaque sensation se solde par un afflux de sang (plus ou moins important selon l'intensité du désir éprouvé) dans les deux principaux corps caverneux et le corps spongieux du pénis. L'érection se produit lorsque ceux-ci sont totalement engorgés. De même, les hommes ont plusieurs érections durant la nuit, et souvent au réveil. Cela ne signifie pas qu'ils ont fait des rêves érotiques. C'est simplement un moyen, pour le corps, d'entretenir les tissus du pénis.

SECRET D'ALCÔVE

Les hommes – qu'il s'agisse d'un nouveau-né ou d'un monsieur de 96 ans –, entrent le plus souvent en érection durant les phases de sommeil paradoxal. Trois à cinq fois, voire plus, par nuit. La durée de ces érections va de quelques minutes à une heure.

Lorsqu'une grande quantité de sang envahit le pénis (et n'en ressort pas), cet organe entre en érection. Il arrive que l'érection se produise dès le début d'un échange érotique. Chez nombre de jeunes gens, cet état est presque instantané, et répond à n'importe quelle stimulation sexuelle. Avec le temps, l'érection est souvent plus longue à se manifester. Il arrive même qu'une stimulation manuelle du pénis reste sans effet. Avec l'âge, les hommes réagissent aux stimuli sexuels avec plus de lenteur. Ce rythme s'accorde alors à celui des femmes. La nature rétablit ainsi une justice entre les sexes ! Les hommes âgés se concentrent moins facilement sur la chose. Il leur faut des attentions constantes pour rester en érection. (Nous aborderons des sujets comme l'impuissance et l'éjaculation précoce au chapitre 7.)

Nombre de facteurs peuvent influer sur la capacité d'un homme à avoir une érection, tels que le stress, l'anxiété, ou simplement un manque de concentration. Comme l'a exprimé l'un de mes clients : « Quand j'ai une préoccupation d'ordre professionnel, je ne fonctionne plus sur le plan sexuel. » Les experts affirment que l'anxiété peut bloquer le mécanisme de l'érection – et de l'éjaculation. Un autre de mes clients m'a confié : « Quand je suis énervé, je peux avoir une érection et accomplir ma tâche, mais dans ma tête, je suis ailleurs. »

L'éjaculation

L'éjaculation est un réflexe cérébro-spinal qui annule la tension musculaire et inverse le cours du flux sanguin : le sang se retire du pénis et des autres parties du corps qu'il avait engorgées. L'éjaculation connaît deux phases distinctes. Dans un premier temps, la prostate, les vésicules séminales et le canal déférent se contractent, puis émettent leur contenu dans l'urètre. Le sperme se mélange aux sécrétions des vésicules séminales et de la prostate pour former l'éjaculat. Les contractions amorcent le phénomène. Masters et Johnson ont nommé ce moment le « point de non-retour ». En effet, dès que les spasmes commencent, l'éjaculation devient involontaire.

Durant la seconde phase de l'éjaculation, les contractions des muscles pelviens propulsent le sperme dans l'urètre, qui gicle sur une distance de quelques centimètres à plus d'un mètre. Il arrive également que la semence goutte ou qu'elle coule. Le volume de l'éjaculat et la puissance d'une éjaculation dépendent de maints facteurs tels que l'âge, la condition physique, et l'importance de l'intervalle entre deux éjaculations. Généralement, plus un homme est jeune, plus son sperme a des chances de voyager loin. De même, plus un homme reste longtemps sans jouir, plus il émettra une grande quantité de sperme.

SECRET D'ALCÔVE

Les fumeurs ont davantage de difficulté à entrer – et à rester – en érection que les non-fumeurs. De même, la nicotine fait décroître le nombre de spermatozoïdes et affecte l'éjaculation. Un conseil : arrêtez la cigarette.

Bien que l'éjaculation se fasse par le pénis, ce phénomène met le corps entier en jeu. Le rythme respiratoire s'accélère, la pression artérielle s'élève quand un homme est sur le point d'éjaculer, l'un et l'autre atteignant leur apogée au moment de la propulsion. Toutefois, nombre d'hommes m'ont rapporté qu'à ces instants-là, ils n'avaient plus conscience que d'une chose : leur jouissance. Un monsieur ayant participé à un séminaire m'a avoué : « J'ai parfois l'impression que cela va être extraordinaire, et puis je ne vois qu'un filet de sperme. Ces éjaculations-là sont assez décevantes. » Je comprends la frustration de cet homme, mais la chose est tout à fait normale, et ne reflète en rien un manque de virilité.

La résolution

Après l'éjaculation, le corps d'un homme revient à son état de départ, celui qui précédait l'excitation. Pour la plupart des messieurs, cette transition s'opère très rapidement : d'où ce cliché du mâle qui sombre dans un profond sommeil aussitôt après avoir joui. L'un de mes clients décrit cette sensation comme suit : « Après que j'ai eu un orgasme, mon corps est débarrassé de tout stress pendant vingt-cinq minutes. »

SECRET D'ALCÔVE

Les femmes s'inquiètent souvent du fait que les hommes ont tendance à s'endormir après l'orgasme. Il s'agit pourtant d'un phénomène des plus naturels.

Après une éjaculation, le sang quitte le pénis, qui redevient flasque. La pression artérielle, le pouls, retrouvent des mesures normales. Le scrotum et les testicules se vident du sang qui les engorgeait, leur volume diminue, ils reprennent leur position habituelle. Il se peut que les hommes éprouvent le besoin de dormir après l'orgasme parce qu'ils sont en état de relaxation profonde – après avoir éprouvé une terrible tension musculaire.

Le cycle orgasmique de la femme

Ce cycle comporte, comme celui de l'homme, quatre phases principales, qui vont de l'excitation à la résolution, en passant par l'orgasme. Cependant, ce cycle est rarement parallèle à celui de l'homme.

L'excitation

Lorsqu'on stimule une femme sexuellement en l'embrassant, en caressant ses seins, ses mamelons, ses lèvres, son clitoris, le sang afflue dans toute la zone pelvienne, le vagin s'humidifie, les grandes et les petites lèvres gonflent et prennent une couleur plus foncée. En ce sens, la lubrification est le premier indice de l'état d'excitation sexuelle d'une femme.

Sur le plan physiologique, la lubrification équivaut à l'érection chez l'homme, mais s'effectue moins rapidement. Cela dit, certaines femmes sont lubrifiées après trente secondes – suite à une stimulation physique ou mentale – mais ce n'est pas là une généralité. D'autres femmes seront prêtes pour le coït après quelques minutes. D'autres encore ne sont jamais lubrifiées. Aussi, ne pensez pas, chers lecteurs, qu'il s'agisse là du seul critère d'excitation sexuelle chez la femme.

Il arrive qu'une femme, quoique très excitée mentalement, reste incapable de se lubrifier. Et cela pour diverses raisons, prise d'antihistaminiques ou simplement déshydratation momentanée, due notamment à l'absorption d'alcool. D'autres facteurs inhibent la lubrification vaginale tels qu'un manque d'œstrogènes, ou encore l'abus de tabac. Il suffit dans ce cas d'utiliser des lubrifiants à base d'eau (voir le chapitre 8).

FAITS HYSTÉRIQUES

Selon les professeurs Joel Block et Susan Crain, « Les femmes se sentent plus à l'aise dans leur corps et dans l'acte d'amour après 30 ans. La capacité d'une femme à avoir des orgasmes, notamment des extases multiples, ne diminue pas avec l'âge, bien au contraire. Un homme, en revanche, atteint sa plénitude sur le plan sexuel lorsqu'il est devenu un bon, voire un très bon amant – à savoir qu'il a réussi à maîtriser son éjaculation, et à satisfaire sa partenaire de diverses façons. Ce qui est impossible à 20 ans. »

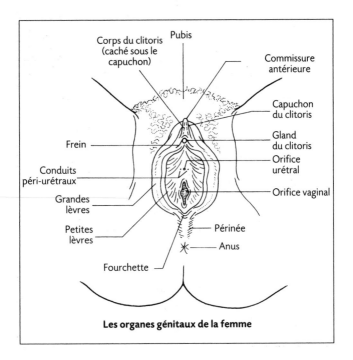

Les organes génitaux de la femme

Lors du deuxième stade de l'excitation sexuelle de la femme, l'utérus remonte légèrement pour ne pas gêner les rapports sexuels, le vagin s'allonge et s'arrondit dans son tiers supérieur, afin de faire de la place au pénis. Les femmes n'ont pas forcément conscience de ces modifications internes après que leur partenaire les a pénétrées, car alors l'excitation est encore plus vive.

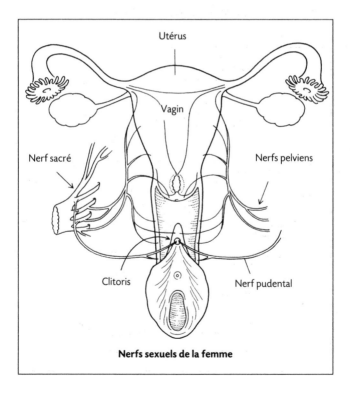

Utérus

Vagin

Nerf sacré

Nerfs pelviens

Clitoris

Nerf pudental

Nerfs sexuels de la femme

SECRET D'ALCÔVE

Je ne voudrais pas insister lourdement, mais des milliers de femmes m'ont dit souhaiter que leur partenaire s'attarde davantage sur les préliminaires.

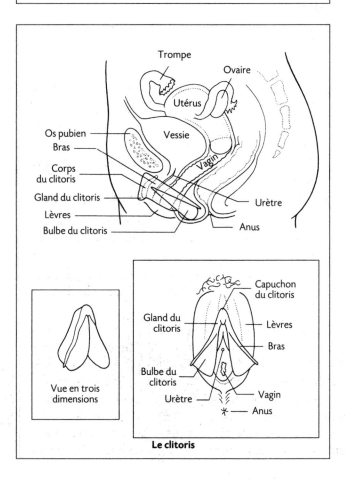

Vue en trois dimensions

Le clitoris

L'orgasme

D'un point de vue strictement physiologique, l'orgasme féminin se caractérise par des contractions de l'utérus et du tiers supérieur du vagin. Cela dit, il se produit bien d'autres choses quand la femme atteint l'orgasme.

1. Les muscles se tendent, la pression artérielle s'élève, le rythme cardiaque s'accélère.

2. Les mamelons durcissent.

3. Le clitoris gorgé de sang se dresse et se dégage du capuchon.

4. Les grandes et les petites lèvres deviennent turgescentes et la lubrification s'accroît.

5. Le vagin continue à s'ouvrir et à s'allonger, les seins gonflent légèrement.

6. Le clitoris se densifie, la couleur des lèvres fonce.

7. Les muscles, dont le sphincter anal, continuent à se tendre puis se contractent ; il se produit parfois des spasmes.

8. L'orgasme se déclenche, les contractions augmentent en intensité à des intervalles pouvant aller jusqu'à 0,8 seconde.

L'intensité, la durée des orgasmes varient. Les femmes peuvent avoir jusqu'à dix types d'orgasmes différents ! J'aborderai le sujet de façon plus détaillée au chapitre 5. Je parlerai notamment de l'anorgasmie. Certaines femmes ne peuvent s'abandonner à la jouissance, disent-elles, parce qu'elles n'ont jamais connu de relation sexuelle sécurisante – et n'ont donc jamais pu explorer leur sexualité en confiance. D'autres

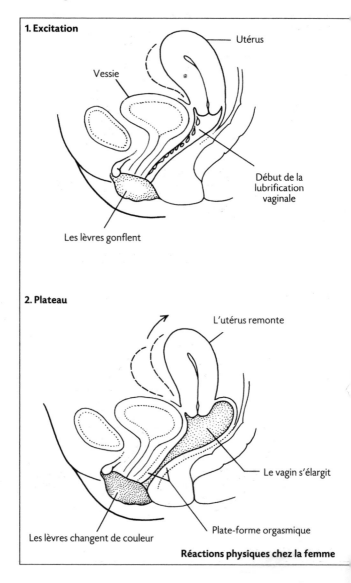

1. Excitation

Utérus

Vessie

Début de la lubrification vaginale

Les lèvres gonflent

2. Plateau

L'utérus remonte

Le vagin s'élargit

Les lèvres changent de couleur

Plate-forme orgasmique

Réactions physiques chez la femme

3. Orgasme

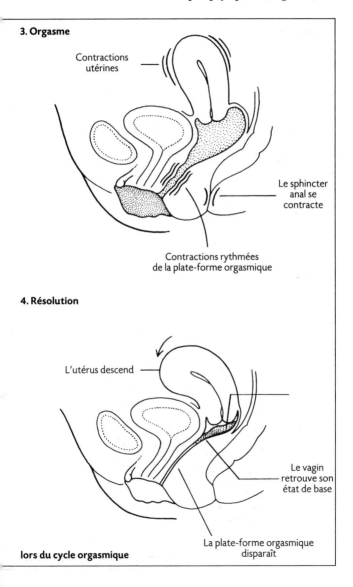

Contractions
utérines

Le sphincter
anal se
contracte

Contractions rythmées
de la plate-forme orgasmique

4. Résolution

L'utérus descend

Le vagin
retrouve son
état de base

La plate-forme orgasmique
disparaît

lors du cycle orgasmique

pensent que leur incapacité à jouir résulte d'abus sexuels et autres chocs émotionnels. Je reste persuadée que la science progressera dans ses recherches à cet égard : nous saurons un jour pourquoi certaines femmes ne parviennent pas à atteindre l'orgasme. N'oublions pas que l'extase sexuelle ne procède pas seulement du corps mais qu'elle est étroitement liée au psychisme. Et gardons espoir : l'orgasme n'est pas seulement possible, il est certain.

FAITS HYSTÉRIQUES

Le médecin hollandais Regnier de Graaf a été le premier scientifique qui ait parlé de l'éjaculation féminine, en 1672.

L'« éjaculation » de la femme

De récents travaux de recherche apportent un éclairage nouveau sur l'éjaculation féminine. Francisco Cabello Santa Maria, un biologiste espagnol, a montré que l'éjaculat féminin contenait un antigène spécifique de la prostate. Ce liquide provient des glandes situées le long de l'urètre, canal évacuateur de la vessie.

Une stimulation du clitoris provoque l'émission de ce fluide. Les femmes interrogées décrivent la sensation qui accompagne l'orgasme comme une « poussée vers le bas ». Certaines d'entre elles vont même jusqu'à affirmer qu'il n'y a pas d'orgasme plus intense, ni plus satisfaisant que celui accompagnant l'éjaculation. La chose se produit lorsqu'une femme se sent sécurisée et libérée avec un homme, quand elle est certaine que ce phénomène ne provoquera aucune gêne chez lui.

La résolution

Lors des diverses phases du cycle orgasmique de la femme, des modifications physiologiques interviennent : accélération du rythme cardiaque, afflux sanguin dans les organes génitaux. Au moment de la résolution, il se produit un retour à la normale. Les femmes se sentent pleines d'énergie après l'orgasme, en état d'éveil. « J'ai le sentiment d'être mieux accordée à mon environnement », affirme l'une de mes clientes. « Dommage que cela arrive surtout la nuit ! » Une autre femme déclare : « Parfois, quand nous faisons l'amour, mon mari et moi, je me sens si proche de lui que j'ai envie de me glisser dans sa chair. Le fait de jouir et d'être si proche de lui est électrisant. »

Quelle définition pour l'orgasme ?

Masters et Johnson définissent le point culminant du plaisir sexuel comme un phénomène strictement mécanique, c'est-à-dire mettant en jeu exclusivement la musculature, et obéissant à la dynamique des fluides – allusion à l'afflux de sang dans les organes génitaux à ce moment-là.

D'autres chercheurs parlent d'une « apogée du plaisir, accompagnée d'une libération de la tension sexuelle et de contractions rythmées du périnée et des organes reproducteurs ».

Ces définitions sont réductrices, car elles nient toute dimension psychologique ou émotionnelle à l'orgasme. Or la pensée, l'état intérieur jouent un rôle capital dans cette affaire, comme nous le verrons au chapitre suivant.

4

L'ASPECT PSYCHOLOGIQUE DE L'ORGASME

Performance sexuelle et dictature de l'orgasme : renversons la situation

Le fait de retarder l'orgasme – ou de maîtriser son éjaculation – reste un exercice purement cérébral, dit-on. Cette affirmation paraît sensée, vu que notre cerveau s'impose comme le plus important de nos organes sexuels. Par ailleurs, le fait de « devoir » jouir représente un stress pour nombre de personnes des deux sexes.

Mon avis : débarrassons-nous de toutes ces contraintes, ainsi que des jugements de valeur concernant l'extase sexuelle.

Nuançons notre propos : l'anorgasmie crée de réels problèmes aussi bien aux hommes qu'aux femmes. Sans nier cette réalité, évitons de nous focaliser sur l'orgasme en soi – de l'anticiper, de l'analyser, de vouloir le maîtriser… Car alors les objectifs à atteindre l'emportent sur le plaisir et la joie qu'on prend à faire l'amour ! Ne nous laissons pas impressionner par ces critères d'excellence fantasmés par les médias, par ces couples modèles qui jouissent à la même microseconde.

Cela est difficile, j'en conviens : la société, la presse nous rabâchent à longueur d'années que nous devrions éprouver telle ou telle sensation, atteindre telle aisance matérielle, et tel degré d'épanouissement personnel. Autrement, nos partenaires seront insatisfaits et nous quitteront. Si ce n'est pas du chantage…

SECRET D'ALCÔVE

L'insatisfaction sexuelle serait-elle la cause majeure des divorces ? Non : la mésentente sexuelle éloigne les époux l'un de l'autre, mais ne les pousse pas à divorcer.

Nous avons parlé des mythes et autres images restrictives concernant la sexualité véhiculés par la société. Vous avez sans doute compris que ceux-ci risquent d'affecter votre vie sexuelle de façon négative.

Ce chapitre sera l'occasion d'envisager les différentes manières d'accéder à l'orgasme. Je me suis efforcée de présenter les choses de façon directe, simple et claire, sans toutefois négliger le côté ludique du rapport charnel. Je souhaite qu'ainsi vous appréciiez pleinement vos orgasmes.

Le rôle de la communication. Parlez !
Ou gardez le silence à jamais !

Comment nous attendre à ce que notre partenaire nous satisfasse miraculeusement, comme nous entendons l'être, si nous ne lui donnons aucune indication ? Ne souhaitons-nous pas qu'il – elle – acquière une parfaite connaissance de nos désirs et de tout ce qui nous émoustille ? Ne voulons-nous pas, de même, entreprendre cette démarche à son bénéfice ? Nous ne pouvons demander à la personne de notre vie de lire dans nos pensées, alors pourquoi espérer qu'elle soit capable de deviner les nôtres ? Comme l'a avoué l'un de mes clients, à l'occasion d'un séminaire : « Je me demande, avec le recul, comment j'ai pu, des années durant, attendre de ma femme qu'elle devine mes préférences sexuelles. Un peu comme s'il allait de soi qu'elle saurait me satisfaire si elle m'aimait… » Croyez-moi, chers lecteurs, l'amour n'a rien à voir dans l'histoire. Il est essentiel de communiquer ses désirs et ses fantasmes à son ou sa partenaire, par la parole ou par le geste, et de prier l'autre de faire de même.

FAITS HYSTÉRIQUES

Rares sont les personnes qui meurent durant le coït. Les facteurs de risque sont l'ingestion d'alcool, la consommation de nourriture ou encore l'infidélité conjugale.

La plupart des femmes affirment qu'elles ont besoin de se sentir en confiance avec un homme pour s'ouvrir à lui de leurs désirs. Comme en témoigne une de mes clientes : « Il était sexy, charmant, raffiné, intelligent, mais il m'insécurisait. Je savais qu'il avait eu une liaison avec une autre femme, et bien qu'il m'affirmât que cette relation était terminée, sa façon d'agir m'inquiétait. Je n'arrivais même pas à seulement envisager de faire l'amour avec lui. »

Une autre femme mariée a craint de vexer son époux en lui suggérant diverses manières de varier les plaisirs : jusqu'alors, c'était toujours lui qui avait pris les initiatives dans ce domaine. Elle redoutait qu'il ne la croie infidèle – un autre homme aurait pu l'initier à de nouvelles pratiques. Or ce n'était pas le cas.

J'ai vu nombre de femmes éprouver la même inquiétude : elles sacrifient leur propre plaisir afin de ménager leur mari ou amant. Et si vous abordiez le problème par ce biais, mesdames : « Ce serait encore plus excitant si… » À mon sens, vous éveillerez l'intérêt de votre partenaire. Osez !

L'une de mes clientes m'a confié : « Je suis tombée amoureuse de mon mari parce qu'il s'est révélé totalement dénué de préjugés sur le plan sexuel. Je l'entends encore me dire, au tout début de notre histoire : "Tout ce que tu rêves de voir un homme faire, je te le ferai. Tout ce que tu rêves de faire à un homme, tu peux me le faire. Si tu as envie que j'aboie, chérie, j'aboierai, parce que je suis ton homme." Il m'a déclaré cela au téléphone. J'en ai eu des frissons ! »

SECRET D'ALCÔVE

Un sondage datant de 1986 et portant sur plus de 200 femmes mariées a mis en lumière le fait suivant : nombre d'épouses parviennent à s'exciter sexuellement et/ou à jouir en ayant recours à des fantasmes sexuels durant le coït.

SECRET D'ALCÔVE

L'ennui est l'ennemi n° 1 de la relation de couple.

La compatibilité

Je pense que dans la plupart des relations, notamment celles dans lesquelles la confiance est installée et l'engagement pris, la franchise reste l'attitude la plus intelligente à adopter. Il convient toutefois de respecter l'autre, de ne pas froisser sa sensibilité. La frontière est parfois ténue entre un aveu qui devient source de plaisir et l'expression d'un fantasme qui fait retomber l'excitation. Les hommes, notamment, ont bien conscience de naviguer au jugé. Nombre de messieurs se gardent d'avouer certains de leurs désirs à leur partenaire, de peur qu'elle ne les rejette. Et comme l'a remarqué l'un d'eux : « Je préfère me taire, parce que si elle prend mal les choses, je n'aurai plus jamais le courage d'essayer à nouveau. »

En optant pour la franchise, vous vous rendez vulnérable. C'est là un paradoxe dans la recherche du plaisir partagé. Toutefois, cette impression de vulnérabilité est des plus normales : ce n'est pas tous les jours qu'on se retrouve nu et exposé à l'imaginaire de l'autre – qui lui-même se rend vulnérable. Le risque demeure malgré tout : la façon dont vous réagirez l'un et l'autre peut vous ouvrir aussi bien que vous fermer des horizons.

Je persiste, cependant : que votre histoire soit neuve ou plus ancienne, le fait de dévoiler son imaginaire érotique à l'autre est bénéfique. Croyez-moi (je l'ai constaté lors de mes séminaires), les personnes qui risquent l'aventure sont toujours récompensées : elles se révèlent capables de créer une relation plus forte et sexuellement plus dense. Un thérapeute s'exprime en ces termes à ce propos : « Le fait de montrer sa vulnérabilité laisse le loisir à l'autre de cerner les limites dans lesquelles il (elle) peut entrer dans votre vie et y exercer une influence. Si cette possibilité n'existe pas, votre partenaire ne peut se montrer inventif et désinhibé – il n'a pas la possibilité d'être totalement lui-même, sur les plans émotionnel, psychologique et sexuel, donc vraiment exceptionnel à vos yeux. »

Humeur légère ou sérieuse ?
Êtes-vous sur la même longueur d'onde que votre partenaire ?

Il me semble essentiel que votre partenaire et vous-même sachiez ce que vous attendez de votre échange érotique. Il se peut que vous soyez disposé à vivre des heures de pure lubricité, et qu'elle se sente plus romantique : des tensions risquent alors d'apparaître. Nous devons répondre chaque jour à des exigences multiples, nous subissons des stress divers. Cela influe sur nos humeurs. Un homme et une femme formant un couple devraient, à mon sens, exprimer ouvertement leurs désirs de l'instant, et informer l'autre de la couleur de leurs états d'âme.

Ouvrir tous les accès au plaisir

Ne limitons pas nos exigences à l'orgasme : ouvrons un champ de sensations variées. Nous verrons, aux chapitres suivants, que la femme a la capacité de connaître jusqu'à dix orgasmes différents, et l'homme sept !

Offrez votre corps tout entier à un échange sexuel : vous découvrirez des sensations nouvelles. Une femme cite cet exemple : « Quand mon petit ami me masse le cou, cela m'excite au plus haut point. Si nous poursuivons dans l'érotisme, j'en retire un plaisir encore plus grand. »

Il est essentiel qu'une femme soit relaxée avant de faire l'amour. L'un de mes clients raconte : « Quand mon épouse n'est pas assez détendue, il ne se passe rien. Si je lui masse les pieds dès qu'elle rentre de son travail, cela l'excite à chaque fois. Elle se sent aimée, donc disposée à m'accueillir ! »

SECRET D'ALCÔVE

Selon les professeurs Joel Block et Susan Crain Bakos, l'orgasme parfait l'intimité dans le couple, et crée un lien très fort entre les amants. Après avoir joui, on se sent souvent plus proche de son (sa) partenaire. Cela est dû notamment à une hormone, l'ocytocine, qui inonde le cerveau pendant l'extase sexuelle et que l'on a surnommée « l'hormone du câlin ». L'ocytocine crée un sentiment d'attachement. Le métabolisme de la femme produit cette molécule en plus grande quantité que celui de l'homme, cela jusque vers le milieu de la vie. Après quoi les pourcentages s'équilibrent.

SECRET D'ALCÔVE

Vous vous interrogez sur les goûts de votre amant ?
Alors demandez-lui de louer une cassette vidéo ou
d'acheter des magazines : cela vous donnera des idées
que vous approfondirez ensemble.

Restez spontanés

J'anime des séminaires sur la sexualité depuis de nombreuses années. J'ai côtoyé des milliers d'hommes et de femmes en ces occasions. Leur désir le plus cher est de retrouver, dans leur relation, la fièvre et la spontanéité des débuts. Comment conserver, après cinq ou vingt ans, une vie sexuelle électrisante ? Cela demande des efforts et un état d'esprit particulier.

Considérez votre vie sexuelle comme une priorité. À l'époque où vous fréquentiez votre partenaire depuis quelques semaines ou quelques mois, vous consacriez l'essentiel de vos pensées, une bonne partie de votre énergie et de votre inventivité à ces rencontres. Or, le temps passant, l'autre n'est plus un mystère pour vous. Aussi convient-il de faire un effort conscient pour conserver l'excitation et la fraîcheur des débuts.

Les couples devraient également planifier des moments privilégiés. Notamment les couples avec enfants. La vie de famille demande une grande organisation – pourquoi ne pas planifier de même des rencontres sexuelles ? Lorsque l'intimité charnelle devient partie intégrante de vos journées ou de votre semaine, non seulement vous garderez des relations sexuelles régulières, mais encore vous vous accordez mieux dans tous les autres domaines de votre vie commune. Une de mes clientes, mère de trois jeunes enfants, déclare : « C'est pourquoi, ma chère, mon mari et moi avons un rendez-vous amoureux tous les mercredis soir. Mon bureau nous sert de repaire secret. »

Sachez rester égoïstes. Les femmes sont tellement focalisées sur l'idée de donner du plaisir à leur partenaire qu'elles en oublient leur propre plaisir. Et *vice versa*. Un homme qui s'attache trop à satisfaire son amante risque de s'anesthésier – puis de s'ennuyer. Un conseil : laissez-vous emporter par vos propres sensations. L'une des choses les plus émoustillantes pour votre partenaire est précisément de vous exciter. Et de savoir que vous êtes concentré sur la chose.

Laissez vos soucis à la porte

Nous subissons tous la pression du monde extérieur, le stress inhérent à la vie de famille, au monde du travail. Et leur impact, souvent négatif, sur notre vie sexuelle. Aussi, distraits, énervés, ou simplement préoccupés, sommes-nous enclins à user d'une excuse éculée (« Je suis fatigué ») pour éviter d'avoir à faire l'amour.

Il suffit peut-être d'envisager les choses sous un autre angle. Considérez votre vie sexuelle comme un sanctuaire, pensez qu'elle vous régénère – au lieu de vous épuiser davantage… Avant de dire non à votre partenaire, songez que vous vous sentirez mieux après. Qu'il s'agisse de jouer dans l'urgence ou de privilégier la note romantique, il y a toutes les chances pour que vous soyez revitalisés et « réaccordés » l'un à l'autre ensuite.

Se mettre dans l'ambiance

Il convient, avant de passer à l'acte, que les deux partenaires soient disposés à faire l'amour. Il arrive qu'une femme s'engage dans un échange sexuel pour faire plaisir à son mari ou amant, ce qui risque, à la longue, d'avoir des conséquences désastreuses sur l'intimité du couple. Car pour un homme, il n'y a rien de plus excitant qu'une femme totalement présente à la chose !

Il en va de même pour l'autre sexe. Un homme est aussi sensible qu'une femme aux ambiances. Le fait de regagner un foyer où règne le calme reste la condition *sine qua non* à une entente érotique. En effet, un homme ira très loin pour conserver une vraie sérénité dans son foyer. Il troquera sa décapotable contre un minibus, il partira en vacances avec les collègues de travail de sa femme. Les hommes considèrent la quiétude comme propice à l'intimité – donc au sexe.

Évitez donc, mesdames, de lui faire part des problèmes du jour dès qu'il franchit le seuil de la maison. Offrez-lui un havre de paix. Je ne vous suggère pas de taire ce qui vous préoccupe, mais n'en parlez pas tout de suite, et restez mesurée. Attendez d'avoir décompressé l'un et l'autre. Soyez tendre, affectueuse. Caressez la nuque de votre époux. Après quoi il sera réceptif à ce que vous avez à lui dire.

Créez un climat intime, favorable à l'amour. Faites plaisir à votre partenaire. Cela tient à des détails, mais les détails font tout. Les femmes sont élevées dans l'idée qu'elles seules aiment être courtisées, choyées, séduites. C'est faux. Les hommes adorent que l'on s'occupe d'eux. Combien de fois des clients ne m'ont-ils pas demandé, lors de mes séminaires : « Comment faire pour qu'elle prenne l'initiative ? J'adore la solliciter, mais j'aimerais tant qu'elle se jette sur moi de temps à autre ! » Manifestez votre désir : tel est le plus beau cadeau que vous puissiez faire à votre partenaire, mesdames. Alors n'hésitez pas : montrez-le-lui.

Un soupçon de romantisme ne nuit pas

Relaxez-la

Une femme qui n'est pas détendue ne pourra éprouver vos caresses. Aussi, messieurs, si vous désirez amener votre partenaire à des sommets de plaisir, prenez le temps de la relaxer.

Pour commencer, conduisez-vous comme un gentleman, courtisez l'élue de votre cœur. Si elle aime les camélias, trouvez des camélias. Tout geste qui donnera le sentiment à votre femme d'être unique à vos yeux et exaucée dans ses moindres désirs la disposera au mieux à votre égard. Votre amante apprécie-t-elle qu'on lui fasse couler un bain, ou bien se plaît-elle à dîner au restaurant le vendredi soir ? Eh bien, accédez à ses désirs ! Cela flattera son ego, la rendra chaleureuse et généreuse.

SECRET D'ALCÔVE

Sacrifiez à un rituel galant en vogue dans les cours européennes des XVIIe et XVIIIe siècles : une mise en beauté de vos poils pubiens, par exemple une ligne de strass collés au-dessus du triangle, ou une épilation en forme de cœur. Particulièrement efficace si a priori ce n'est pas votre genre !

J'insiste, messieurs : faites savoir à votre femme que vous pensez à elle. Vous avez fait réviser la voiture ? Alors dites-le-lui : elle se sentira sécurisée. Donc plus ouverte à toutes propositions.

Ne vous méprenez pas, messieurs : je ne vous incite pas à la manipulation (quoique…). Je vous explique l'art et la manière dont il convient de traiter les dames. Je pense à l'aspect pratique de la chose. Lorsque votre bien-aimée rentre de son travail, le soir, une foule de tâches l'attendent. Remplissez ces obligations à sa place : elle sera d'autant plus réceptive à des suggestions d'un tout autre ordre.

Séduisez-le

Les hommes adorent qu'on provoque leur désir. Ils aiment également qu'on les traite avec des égards. Apprécie-t-il les films de James Dean ? Alors louez une cassette. Est-il un passionné de mots croisés ? Sacrifiez à sa passion.

Accordez de l'attention à l'élu de votre cœur, montrez-lui que vous pensez à lui, soyez inventive. Un homme ne se plaît à rien tant qu'à savourer un repas que vous aurez préparé vous-même. Si vous n'avez pas le temps de cuisiner, repérez un restaurant raffiné, réservez une table. Le soir, passez le prendre à son travail. Vous n'avez pas le temps d'enfiler une tenue sexy ? Mettez un collant à coutures. Ou mieux, des bas qui enserrent le haut des cuisses. Pendant le dîner, prenez la main de votre amant et posez-la sur votre cuisse, juste au-dessus du bas. Faites courir le petit vélo coquin que tous les hommes ont dans la tête…

Pendant le dîner, dites-lui que vous venez de vous faire épiler les jambes, ou que vous avez pensé à lui en mettant votre porte-jarretelles.

Dans le cas où vous prévoyez de l'attendre à la maison, pourquoi ne pas laisser un message à double sens sur sa boîte vocale, en fin de matinée ? Il est probable que votre homme quittera son bureau de bonne heure.

Tandis que vous le déshabillez, dites-lui ce que vous avez l'intention de lui faire. La plupart des hommes aiment que leur femme se montre explicite, voire coquine.

Une bonne communication entre un homme et une femme tient à trois facteurs essentiels : le tact, la franchise, l'ouverture d'esprit. S'il n'y a pas de réels échanges entre vous, ne vous attendez pas à connaître un plaisir renversant. Alors faites preuve d'audace ! Ouvrez-vous à votre partenaire de vos idées, de vos fantasmes – avec finesse. Qui sait quels tabous vous saurez transgresser ensemble ? Vous gagnerez en assurance pour avoir été franc (franche). Or c'est là une qualité indispensable pour se sentir et sexy et désirable. Il suffit de prendre un bon départ : la suite (du rapport charnel) ira de soi et, à mon avis, le chemin de l'orgasme féminin étant une autoroute à dix voies, la suite vaut le coup…

5

L'ORGASME AU FÉMININ :
À LA RECHERCHE DE L'INATTENDU

L'ultime frontière

L'orgasme de la femme reste l'une des ultimes frontières de la sexualité. De façon générale, on en sait moins sur l'orgasme féminin, ses origines, sa fréquence, sa description anatomique, que sur tout autre aspect de la sexualité. Cela n'a rien d'étonnant : l'extase masculine est longtemps restée un critère, une référence en matière de jouissance suprême. Pendant des siècles, les femmes ont reçu des informations contradictoires et inexactes sur l'orgasme, qui émanaient de leur mère, de leurs partenaires, de leurs médecins, et de toute autre personne s'efforçant d'exercer un contrôle sur la sexualité féminine. Au fil du temps, les femmes ont fini par dévaloriser l'orgasme, par croire que le fait de jouir empêchait – ou provoquait ! – la grossesse, et trahissait une absence de moralité.

Heureusement, les temps ont changé. Cela dit, les femmes subissent encore une aliénation à propos de l'orgasme. Elles se sentent tenues d'effectuer des performances à cet égard, comme les hommes. De jouir souvent et au bon moment. De jouir sur commande, en fait.

Je tiens à lever le voile sur ces méprises et autres préjugés concernant l'orgasme de la femme. Et à vous livrer, mesdames, les informations les plus pointues en la matière. Méditez-les et faites-en profiter vos partenaires. Vos orgasmes s'en trouveront valorisés, intensifiés.

Je reste persuadée que la connaissance est la clé de toute satisfaction : plus vous en savez sur un sujet, plus vous vous sentez capable de l'explorer. Aussi, mieux vous connaîtrez votre corps, ses réactions et les mécanismes de l'orgasme, mieux vous maîtriserez la chose et plus vous éprouverez du plaisir. Or n'est-ce pas ce que nous recherchons toutes, chères lectrices ?

Mais comment passer d'un état premier, vouloir jouir et ne pas y parvenir (pour quelque raison que ce soit) à un second état : connaître assez bien son corps pour jouir quand on le désire, comme on le désire, pour peu qu'on nous caresse comme nous le souhaitons et que notre partenaire nous aime assez pour vouloir nous amener à des sommets de plaisir ? Nombre de femmes sont déçues de ne pas réussir à jouir de façon systématique. D'autres ont parfaitement conscience d'ignorer le plaisir suprême. D'autres encore sont persuadées d'avoir des orgasmes, alors que leurs partenaires affirment le contraire.

Mon livre a pour ambition de vous donner les clés de la jouissance. *Soixante-dix pour cent des femmes ne peuvent atteindre l'orgasme lors d'une pénétration.* Aussi, dans l'hypothèse où cette statistique vous concerne, n'êtes-vous pas seule à souffrir d'anorgasmie. N'allez pas penser que quelque chose ne tourne pas rond chez vous. La plupart des femmes ne jouissent de façon régulière que suite à une stimulation (manuelle ou buccale) du clitoris. Cela dit, quand on pense aux emplois du temps surchargés de l'homme moderne, à l'obligation dans laquelle nous sommes de jongler pour faire l'amour entre deux rendez-vous, il n'y a rien de surprenant au fait qu'on ait des orgasmes insatisfaisants – ou pas d'orgasmes du tout. Comme l'a avoué l'une de mes clientes : « Mon mari et moi nous entendions très bien sexuellement, même après le deuxième enfant. Mais aujourd'hui, nous sommes si épuisés à la fin de la journée que nous n'avons plus de rapports sexuels. »

FAITS HYSTÉRIQUES

Il semblerait qu'Hippocrate ait donné une description du clitoris quatre cents ans avant l'ère chrétienne.

SECRET D'ALCÔVE

« Je sais par expérience que l'orgasme de la femme est considéré comme plus exceptionnel et plus recherché que celui de l'homme. L'extase masculine est quasi certaine, mais celle de la femme ne va pas de soi », déclare un producteur de télévision de 45 ans.

SECRET D'ALCÔVE

Si votre premier attachement pour votre partenaire a été d'ordre émotionnel, revivez ce moment fort en esprit. N'oubliez pas que le cerveau est notre principal organe sexuel.

Le fait que la plupart des couples fassent l'amour surtout le dimanche matin et le mercredi soir s'explique : le dimanche, les amants ont généralement du temps à consacrer à la chose ; le mercredi, qui se situe au milieu de la semaine, nous avons souvent besoin d'une distraction, d'une rupture de rythme.

Le fait qu'une femme ait rarement ou jamais d'orgasme lors des rapports sexuels tient à deux raisons essentielles : la façon dont son partenaire la caresse ne produit pas d'effet sur elle, la dame pense à autre chose. Aussi les femmes ont-elles souvent recours à la masturbation : elles savent exactement quoi faire pour parvenir à l'orgasme. Cette constatation reste vraie pour les hommes.

Faits hystériques

On appelle la double pénétration – un homme pénètre une femme vaginalement, un autre la sodomise – le « sandwich à la Colette », en référence à la romancière qui a donné une description détaillée de cette pratique dans l'un de ses romans.

Les femmes qui n'ont pas encore découvert les différents types de caresses qui les émeuvent, ou qui souffrent d'inhibitions, ont également de la peine à jouir. Une femme qui éprouve des réticences à se masturber aura naturellement de la difficulté à avoir un orgasme lors d'un rapport sexuel.

On nous a tellement dit que les orgasmes se produisaient comme par magie ! Les films, les livres, les magazines nous donnent l'illusion que l'extase sexuelle ne requiert pas le moindre effort.

Comment augmenter vos chances de connaître le plaisir ultime ? Une bonne communication avec votre amant reste la chose essentielle à cet égard. Il convient de lui expliquer quelles sont vos préférences. Or votre partenaire tient à ce que vous jouissiez, n'en doutez pas. D'autant plus s'il vous aime – ou (attention !) s'il retire de la vanité à vous faire jouir. Lors de mes séminaires, j'ai appris que les messieurs se considérant comme de bons amants sont ceux qui se savent capables de satisfaire leur partenaire. Je ne m'éterniserai pas sur le sujet, mais *la pire des choses que vous puissiez faire est de feindre la jouissance*. En effet, les hommes ont tendance à repérer ce qui donne des résultats – consciemment, mais surtout à un niveau inconscient. S'il constate que sa façon d'agir vous a (apparemment) fait jouir, votre amant répétera la manœuvre à la première occasion. Or il aura assimilé, à son insu, un message inexact. Où cela peut-il vous mener, l'un comme l'autre ?

SECRET D'ALCÔVE

Selon Joel Black et Susan Crain Bakos, il existe trois types d'orgasmes multiples :
- *Les orgasmes répétitifs uniques : chaque extase est distincte et s'accompagne d'un retour au calme partiel.*
- *Les orgasmes séquentiels : une succession d'extases se produisant toutes les deux à dix minutes, entre lesquelles l'excitation reste presque égale.*
- *Les orgasmes en série : des extases nombreuses, séparées par des intervalles de quelques secondes à quelques minutes au plus, durant lesquels l'excitation ne diminue pas. Cela peut se caractériser par un long orgasme avec des spasmes d'une intensité variable.*

La variété rend la vie plus gaie

Les femmes peuvent jouir de dix manières différentes, ou connaître un orgasme sur diverses parties de leur anatomie :

1. Le clitoris
2. Le vagin et le col de l'utérus
3. Le point G et la zone antérieure du vagin
4. L'urètre
5. Les seins et/ou les mamelons
6. La bouche
7. L'anus
8. Toutes ces zones à la fois
9. Une zone érogène plus vaste
10. Par le fantasme

L'orgasme clitoridien

L'orgasme clitoridien est le plus courant et, pour certaines, l'orgasme le plus violent. La plupart des femmes ont besoin d'une stimulation clitoridienne pour jouir. Un orgasme clitoridien a lieu quand le clitoris parvient à un degré d'excitation maximale. La sensation naît dans la zone clitoridienne, et peut se propager dans tout le corps. Les nerfs concernés par cette extase sont le nerf pudental et ses ramifications, qui comprennent des fibres nerveuses ultrasensibles.

Le gland du clitoris n'est en fait que la partie visible de cet organe. En 1998, le docteur Helen O'Connell, urologue et chirurgienne, a découvert que le clitoris est en réalité dix fois plus gros qu'il n'y paraît. Les fabricants d'accessoires érotiques pour adultes ne connaissent en général pas la physionomie exacte du clitoris. Aussi la plupart de ces jouets ne sont-ils ni fonctionnels ni ergonomiques.

FAITS HYSTÉRIQUES

En 1930, il existait une course à bicyclette pour dames qui se courait nue et en salle. La gagnante était celle qui jouissait la première par frottement contre la selle.

Ces dernières années, nous avons acquis une connaissance exacte de la morphologie du clitoris, ce dont nous pouvons nous féliciter. En effet, comment tirer le meilleur parti de cet organe hypersensible si l'on ignore les neuf dixièmes de ses tenants et de ses aboutissants ?

Cela dit, les femmes ont été victimes, dans le monde moderne, de « clitocentrisme ». Masters et Johnson, en particulier, ont diffusé cette idée – erronée – selon laquelle le clitoris est le centre de l'univers sexuel de la femme. Ce préjugé laissait entendre qu'une femme ne pouvait jouir que suite à une stimulation du clitoris. Cette affirmation fut démentie par deux psychologues, Bernie Zilbergeld et Michael Evans. Nous savons aujourd'hui que le clitoris, quoiqu'il demeure la source majeure des orgasmes de la femme, n'en est pas l'unique origine, et qu'il offre des extases nombreuses et variées. J'ai récapitulé ci-après les principaux types d'orgasmes clitoridiens.

SECRET D'ALCÔVE

Tous les orgasmes clitoridiens – de même que n'importe quel autre type d'extase – n'ont pas la même intensité.

Stimulation manuelle du clitoris

La stimulation manuelle du clitoris s'avère plus aisée quand l'homme et la femme sont en position allongée, mais il existe d'autres options. Il convient, messieurs, de prier votre partenaire de vous montrer les gestes requis. Ensuite, à vous d'improviser ! Efforcez-vous, quelle que soit la position, de garder un contact maximal avec le corps de votre amante. Limez-vous les ongles et lavez-vous les mains, avant de vous aventurer dans cette zone d'une extrême sensibilité. Je recommande l'utilisation d'un lubrifiant, afin que la femme reste humide.

Le geste idéal, messieurs, consiste à placer votre poignet sur le pubis de votre amante. Vous stabiliserez ainsi votre bras, éviterez la fatigue et les crampes. Vos doigts conserveront leur agilité : vous pourrez ainsi effectuer, plus facilement et plus longuement, ces mouvements circulaires et d'avant en arrière que les femmes préfèrent.

Variante : imprimer une caresse ondulante sur le clitoris de votre partenaire avec la paume de la main. Dans l'hypothèse où vous la caressez tout en la pénétrant, contractez le périnée, afin de faire tressauter votre pénis. Autre option : prenez le clitoris entre le majeur et l'index, doigts tendus, puis effectuez de petits mouvements d'avant en arrière. Les femmes ont souvent recours à cette technique pour se masturber.

L'aile de papillon

Il s'agit d'allonger sa partenaire, de s'asseoir à côté d'elle, puis d'entourer ses hanches avec un bras. Le majeur de la main libre ira et viendra sur le clitoris tel le couteau à beurre sur la tartine. Encore une fois, messieurs : veillez à utiliser un lubrifiant en quantité suffisante et à soigner vos mains et vos ongles.

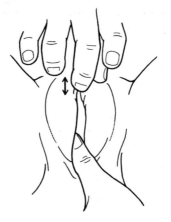

SECRET D'ALCÔVE

Plus les deux partenaires se sentent à l'aise pendant l'amour, plus le plaisir viendra facilement.

Trois doigts

Cette caresse se pratique avec trois doigts, qui recouvrent les lèvres de votre partenaire. Votre majeur excitera son clitoris et s'introduira, de temps à autre, dans son vagin. De l'index et du majeur, serrez les grandes lèvres l'une contre l'autre, et appuyez sur leur face externe. Faites alors un mouvement d'avant en arrière de faible amplitude, ou bien appliquez une pression du même ordre, tout en imprimant une pulsation de bas en haut.

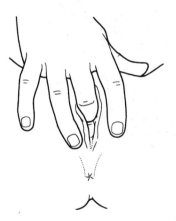

L'une sur l'autre

Pour réussir cette superposition intéressante, l'homme écarte les grandes lèvres de sa partenaire avec deux doigts d'une même main. Après quoi il pose l'autre main sur la première, puis il flatte le clitoris avec le majeur (ou avec l'index) de cette dernière main de diverses manières : de gauche à droite, d'avant en arrière, en cercles. Cette caresse a l'avantage de ne pas fatiguer la main de l'officiant. De plus, la femme éprouve une sensation « large » : deux mains la recouvrent, au lieu d'un seul doigt. Variante : insérez un doigt dans le vagin de votre partenaire, puis effectuez un mouvement de va-et-vient.

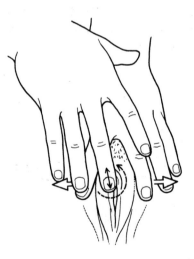

Le sculpteur

Cette caresse requiert deux positions des mains en alternance, l'une statique, l'autre dynamique.

La position statique. Imaginez que la vulve de votre partenaire est une horloge. Posez votre main, doigts joints, sur son sexe. Le bout de vos doigts se trouve sur son pubis. Votre pouce la pénètre à 6 heures, puis remonte jusqu'à midi (en passant par 9 heures). Refermez votre main sur elle en pince, puis imprimez de petites pressions sur son sexe pendant que votre pouce parcourt la moitié droite de son vagin (en passant par 3 heures). Votre pouce peut exercer une pression sur le point G. Vous intensifierez cette sensation en pressant légèrement son bas-ventre du plat de votre main libre. Pendant que vous massez l'intérieur de son vagin, appuyez sur son mont de Vénus avec vos doigts.

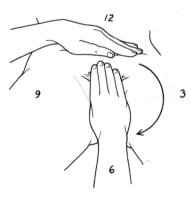

La position dynamique

Votre pouce passe de midi à six heures, dans le sens des aiguilles d'une montre. Lorsque vous arrivez à six heures, insérez votre index, votre majeur et votre annulaire dans le vagin de votre partenaire, puis remontez jusqu'à midi. Exercez avec votre main libre une pression sur son bas-ventre, en étirant sa peau vers le nombril : cela avivera la sensation.

Stimulation du clitoris avec la langue

Il convient qu'un homme sache se servir de sa langue. Nombre de femmes adorent cette sensation chaude, douce et humide. De plus, cette pratique leur laisse le loisir de se détendre et de s'abandonner au plaisir dans une position confortable. Une bonne part de la gent féminine considère le cunnilingus comme plus intime que la pénétration.

Montrez-vous imaginatifs, chers lecteurs. Effectuez des caresses indifféremment avec le dessus de la langue (côté papilles), ou avec le dessous (plus lisse et plus doux). Décrivez des cercles plus ou moins larges, sur – et autour – du clitoris, des allées et venues rapides du bout de la langue, ou plus lentes avec toute la surface mobile. Pensez à combiner des caresses variées. Il reste toutefois préférable de commencer *piano* pour finir *allegretto*. Évitez de vous inspirer des films pornographiques – comme, d'ailleurs, à tous égards. Ce que vous voyez à l'écran n'est pas pertinent dans la réalité.

Si votre partenaire est allongée sur le dos, et vous sur le ventre, entre ses cuisses, glissez, pour plus de confort, un oreiller sous ses hanches, et un autre sous votre poitrine. Vous éviterez ainsi, messieurs, le torticolis ; votre menton ne râpera pas le matelas. Il s'agit là d'une position idéale pour le cunnilingus. Votre amante peut écarter plus ou moins les jambes, moduler l'intensité de la pression. Dans l'hypothèse où madame se trouve sur une chaise, veillez à conserver une position confortable.

Certaines femmes ne supportent pas une stimulation directe du clitoris. Dans ce cas, effectuez uniquement un mouvement descendant. Ainsi, le capuchon du clitoris ne découvre pas le gland, d'une extrême sensibilité. Si votre amante préfère une caresse plus franche, dégagez le clitoris de son capuchon. Pour ce faire, imprimez une pression ascendante sur l'intérieur des grandes lèvres, ou sur le mont de Vénus.

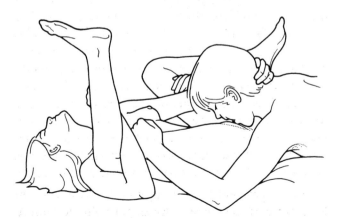

Le papillon

La position du papillon permet à la femme de maîtriser l'intensité de la sensation. Elle prendra appui sur le rebord d'une tête de lit. Son partenaire placera un oreiller sous son crâne pour plus de confort. Après que j'ai présenté un schéma de cette caresse dans un séminaire, un participant a déclaré : « Ma fiancée arrive ce week-end. Il faut que j'achète des draps neufs, et surtout une tête de lit ! »

La méthode Kivin

Allongez-vous sur le ventre, perpendiculairement à votre partenaire. Effectuez des mouvements d'avant en arrière avec la langue, pour stimuler les points K, de part et d'autre de l'attache du clitoris (voir le schéma). Ce faisant, gardez un doigt sur le point C de votre amante (son périnée), afin de détecter les contractions préorgasmiques. Ces petits spasmes seront l'indice que vous vous trouvez au bon endroit, et que vous effectuez des mouvements de langue efficaces. Dans cette position, la femme connaît un orgasme intense, et qui se produit sans tarder.

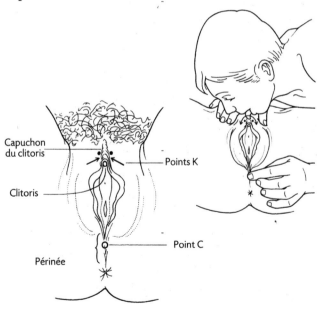

Capuchon du clitoris

Points K

Clitoris

Point C

Périnée

Provoquer des orgasmes clitoridiens lors du coït

La femme sur l'homme

Pour qu'une femme ait un orgasme clitoridien dans cette position, il convient que son partenaire ait stimulé son clitoris avant qu'elle ne s'empale sur lui. Elle bougera alors à son gré, se frottera sur le sexe et/ou le pubis de son compagnon pour avoir un orgasme. L'extase est d'autant plus probable que la femme s'est sentie prête à jouir avant de s'asseoir sur lui. C'est une question de timing : si elle attend trop longtemps, elle jouira avant d'avoir eu le temps de chevaucher son amant – ou alors l'excitation retombera.

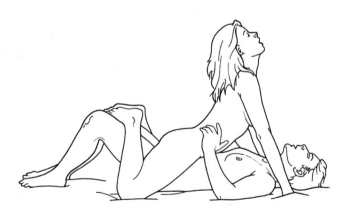

L'homme sur la femme

Les femmes adorent cette position dite du missionnaire, car le contact entre les deux corps est presque total. Les amants s'étreignent et s'embrassent aisément. Les femmes se sentent protégées, les hommes maîtrisent l'amplitude et le rythme des pénétrations. Pour certains, cet échange sexuel reste le seul qui vaille. Comme l'a avoué l'un de mes clients : « Dans cette position, j'ai le sentiment d'être l'homme, même s'il y a un peu de machisme là-dessous. »

Il est possible de provoquer un orgasme clitoridien dans la position du missionnaire. L'homme tendra les jambes, les serrera, et prendra appui sur le montant du lit – ou bien s'arrimera aux pieds de sa partenaire. La femme peut connaître un orgasme violent par ce biais, les sensations s'ajoutant à celles de la pénétration. Cette pratique requiert toutefois une attention soutenue de la part de l'homme, qui effectuera des pénétrations profondes, tout en gardant un contact permanent avec le clitoris de son amante, et en imprimant un mouvement de va-et-vient – sans jamais s'arrêter – sur ce petit organe sensible.

Sur le côté

C'est la position rêvée pour les couples qui désirent être « l'un dans l'autre » sans trop se fatiguer. La femme peut moduler la profondeur de la pénétration, en ouvrant plus ou moins les cuisses. Quand les amants sont face à face, l'échange autorise une stimulation aisée du clitoris. L'homme et la femme peuvent aussi se coller l'un à l'autre, telles deux cuillers. Par ailleurs, il s'agit d'une position idéale pour les personnes qui souffrent des genoux ou des hanches.

Debout, assis, à genoux

Ces trois positions donnent de meilleurs résultats lorsque la femme se trouve face à l'homme – notamment quand on utilise une chaise. Assise, la femme pourra remuer comme elle le souhaite pour stimuler son clitoris.

La position debout reste délicate quand les deux partenaires sont de tailles différentes. Ils peuvent toutefois se servir d'une marche d'escalier pour rétablir l'équilibre. La femme grimpe sur la première marche, puis passe une jambe sur la rampe. L'homme, qui se trouve légèrement plus bas, la pénètre. Il est préférable que la femme porte une jupe – *a fortiori* s'il s'agit d'une rencontre en terrain étranger. Les deux partenaires se tiendront l'un à l'autre, de même qu'à la rampe, afin de ne pas tomber.

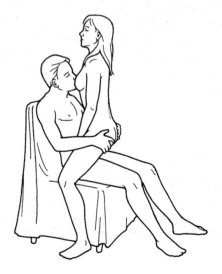

Les accessoires de l'orgasme clitoridien

Les accessoires érotiques les plus prisés à cet effet sont les vibromasseurs. Les manchons présentant des aspérités (voir chapitre 8) procurent également des sensations intéressantes – car surprenantes – dans cette situation. Il existe de merveilleux petits objets (pas toujours si petits, d'ailleurs) qui émettent des vibrations très jouissives.

L'orgasme vaginal et cervical

La première composante de cet orgasme double reste le fait qu'il est moins localisé que les autres. L'orgasme vaginal implique le vagin, le col de l'utérus, voire l'utérus lui-même. On assiste à des manifestations physiologiques différentes selon qu'on stimule le clitoris ou le vagin. Dans le premier cas, le vagin s'élargit, s'arrondit, l'utérus remonte, afin de préparer la femme à la pénétration. Lors d'une stimulation vaginale, l'utérus opère un mouvement descendant. Comme l'a remarqué le professeur Herbert Otto : « Cet orgasme se produit au moment où le vagin et le col de l'utérus sont dans un état d'excitation maximal, et se diffuse à partir de cette zone. Whipple et Perry, deux sexologues, appellent ce processus l'effet en A majuscule. »

À l'approche de cette extase, il y a une impression de poussée vers le bas, l'entrée du vagin se détend. Au moment de l'orgasme, il arrive parfois que les contractions, d'une grande vigueur, expulsent le pénis, ou tout autre objet utilisé pour la stimulation du vagin. Lors d'un orgasme vaginal, les sensations se propagent le long des nerfs pelvien et hypogastrique, alors que l'orgasme clitoridien dépend du nerf pudental. Il paraît donc logique que les sensations éprouvées pendant ces deux orgasmes diffèrent l'une de l'autre.

Une femme a formulé la chose ainsi : « Quand mon amant me lèche, j'ai un orgasme qui monte vers l'intérieur. Par contre, lorsqu'il me prend à quatre pattes, la sensation, au moment de l'extase, est plus large, comme si elle se diffusait vers l'extérieur. Cela me donne envie de me cambrer et d'exercer une poussée vers le bas. »

Provoquer un orgasme vaginal lors du coït

La femme sur l'homme

Les hommes apprécient que leurs partenaires les chevauchent, non par paresse, pour esquiver l'effort musculaire, mais parce qu'ils se plaisent à voir tressauter leurs seins : toujours friands d'images et de représentations, les hommes sont voyeurs par nature.

Dans cette position, la femme se met généralement à genoux sur l'homme, qui est allongé. Les mouvements les plus susceptibles de provoquer un orgasme s'effectuent d'avant en arrière, ou de manière circulaire, afin de faciliter la stimulation conjointe du clitoris. Une variante à cet échange consiste, pour la femme, à s'accroupir sur son partenaire, les pieds à plat. Cela reste toutefois difficile à pratiquer – à moins d'avoir des cuisses de catcheuse !

Nombre de femmes privilégient cette position, qui leur permet d'être pénétrées plus profondément.

Lorsque la femme bouge sur l'homme, c'est elle qui contrôle le rythme et la vigueur des va-et-vient. Les femmes auront sans doute de plus gros efforts physiques à fournir dans cette position pour avoir un orgasme, mais la plupart d'entre elles estiment que le jeu en vaut la chandelle. Une configuration à retenir lorsque la femme est plus grande que l'homme, ou quand elle est enceinte.

Variante : la femme tourne le dos à l'homme.

SECRET D'ALCÔVE

Certaines femmes hésitent à faire l'amour dans cette position : elles se sentent exposées et en retirent un complexe, car elles ne sont pas fières de leur corps. Vu les confidences que j'ai recueillies de la part des messieurs, je puis vous assurer, mesdames, que vos craintes sont injustifiées. Un homme ne vous considère pas d'un œil critique quand vous êtes assise, nue, sur lui. Votre corps lui apparaît comme fabuleux. L'un de mes clients a joliment exprimé cette idée : « Ce n'est pas à ses cuisses que je fais l'amour, mais à elle tout entière ! »

L'homme sur la femme

La pénétration profonde et les coups de reins vigoureux qu'autorise cette configuration ont toutes les chances de provoquer un orgasme vaginal. Selon le professeur Herbert Otto, « les hommages répétés du pénis et les coups frappés au fond du vagin, combinés à la pression exercée dans le vagin par la pénétration, induisent des vibrations voluptueuses sur le col de l'utérus, dans l'utérus et dans le vagin ». Chez certaines, la simple introduction d'un pénis de grosse taille peut provoquer un orgasme. Nombre de femmes déclarent préférer les gros sexes, qui les comblent davantage, d'autres aiment les pénis plus longs. Ces dernières possèdent une zone ultrasensible et des terminaisons nerveuses plus nombreuses près du col de l'utérus.

Le professeur Barbara Keesling parle également de cet important réseau nerveux dans son livre paru en 1997. « La clé du super-orgasme réside dans une petite zone allongée du vagin, juste sous le col de l'utérus, connue sous le nom de "cul-de-sac". Cet endroit est tellement innervé qu'un simple contact avec un pénis provoque un orgasme instantané chez certaines femmes. »

Lorsque la femme relève les jambes, l'angle et la profondeur de pénétration varient. L'homme peut de même modifier l'axe de ses va-et-vient en soulevant sa partenaire.

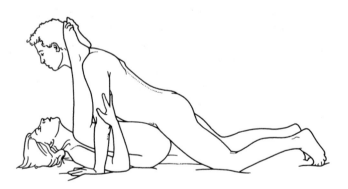

Sur le côté

Une femme jouira plus ou moins facilement dans cette position selon la période de son cycle hormonal. En effet, nombre de femmes ont constaté un déplacement des zones ultrasensibles du vagin en fonction des différentes phases de leur cycle. Cette position est confortable et laisse le loisir à l'homme d'appuyer son sexe juste au bon endroit. (Pour les variantes de l'amour côte à côte, voir plus bas le paragraphe consacré au point G.)

Par-derrière

Les femmes qui ont accouché d'un ou de plusieurs enfants profitent d'autant plus de cette position, explique le professeur Lasse Hessel, que leur vagin est élastique. Ainsi, le pénis stimule une plus vaste surface de la partie antérieure de ce conduit.

Debout, assis, à genoux

Dans ce type de positions, plus « verticales », la femme est plus à même d'ajuster sa position afin de stimuler les zones de la paroi vaginale qu'elle préfère. Bien qu'il soit possible d'avoir un orgasme vaginal dans cette posture, il paraît parfois difficile à atteindre, car les couples ont en général recours à ces positions comme transition assez courte entre deux positions plus « confortables ». Pour ce genre d'expérience, il convient que l'homme ait de bons muscles fléchisseurs et de bons quadriceps.

Point G et zone haute antérieure du vagin

Les orgasmes féminins qui ne résultent pas d'une stimulation directe du clitoris sont souvent associés au point G. Ce point porte l'initiale du scientifique allemand qui l'a découvert, Ernst Grafenberg. Il s'agit d'une petite surface de la taille d'une pièce de deux euros, située environ à cinq centimètres de l'entrée du vagin, au-dessus de l'os pubien, contre le ventre. Lorsqu'on l'excite, le point G s'élargit, sa superficie peut tripler. Chez certaines femmes, une stimulation continue de cette zone sensible provoque des orgasmes intenses. D'autres n'apprécient pas que l'on stimule cette zone. Pour toute une partie de la gent féminine, le point G reste introuvable.

Le livre d'Alice Kahn Ladas, Beverly Whipple et John D. Perry, *Le Point G*, a attiré l'attention du public sur cette zone érogène, dont l'existence reste controversée. Le point G n'a pourtant rien de révolutionnaire : les Orientaux le connaissaient déjà au premier siècle après Jésus-Christ ! Les Chinois l'ont nommé « la perle noire », les Japonais « la peau du ver de terre ».

Nombre d'idées fausses circulent au sujet du point G. Le professeur Beverly Whipple assure qu'il ne se trouve pas sur la paroi vaginale antérieure, mais qu'on le sent à travers le vagin. Aussi requiert-il une stimulation plus ferme et plus directe que d'autres zones érogènes. Vu sa localisation, les couples ont de la difficulté à identifier le point G. Pour y parvenir, il convient que la femme soit excitée sexuellement, car alors le point G est gorgé de sang, donc plus facilement repérable. Whipple suggère que la dame s'accroupisse, puis s'insère un doigt – le point G s'avère ainsi plus accessible qu'en position allongée. La stimulation du point G ne provoque pas systématiquement une éjaculation chez la femme, contrairement à un préjugé bien ancré dans les esprits.

Selon la sexologue malaise Ann Chua Chee, une stimulation de la zone haute antérieure du vagin provoque une excitation accrue, et souvent des orgasmes. L'étude de madame Chua Chee portait sur 193 femmes. La sexologue s'attachait à tester la sensibilité d'une partie du vagin située sous le col de l'utérus, plus vaste que le point G, et d'aspect spongieux. Cette zone réagit favorablement à des caresses légères. Le professeur Otto Herbert émet toutefois des réserves quant à la fiabilité de cette étude, qui portait seulement sur des Asiatiques. De plus, il voit un rapport de cause à effet entre les orgasmes du point G et ceux de la zone précitée : seules les femmes capables de jouir suite à une stimulation du point G pourraient avoir des orgasmes par excitation de la partie haute de la zone antérieure du vagin.

Stimulation manuelle du vagin

On utilisera des caresses appuyées pour provoquer un orgasme du point G, et une stimulation plus douce pour la zone située au-dessus de ce point.

Pendant le coït

La femme sur l'homme

Cette position facilite la stimulation du point G. Il convient que la femme se penche légèrement en arrière quand elle fait face à son partenaire, et légèrement en avant quand elle lui tourne le dos. Cela de façon à former un angle d'environ 120 degrés avec le pénis. Dans le second cas de figure, on obtient une stimulation plus vive du point G.

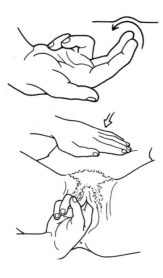
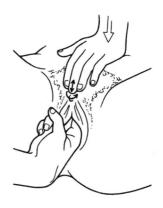

L'homme sur la femme

Suivant l'angle de l'érection, il se peut qu'une pénétration dans la position du missionnaire provoque un orgasme du point G. L'homme devra faire pression sur la zone concernée de façon lente et régulière. Il se peut qu'en plaçant un ou deux oreillers sous les hanches de votre partenaire, messieurs, vous obteniez l'angle idéal pour stimuler efficacement son point G.

Par-derrière

Idéal pour les femmes venant d'accoucher. Leur vagin est plus élastique, les nerfs plus prompts à réagir à une stimulation de cette zone, que le pénis atteindra plus facilement. Quand une femme se tient à quatre pattes, elle peut redresser les épaules pour accentuer la pression.

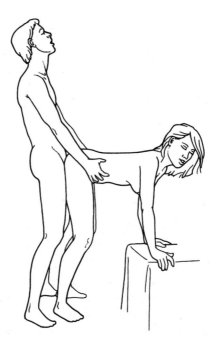

Sur le côté

La femme, qui est pénétrée par-derrière, glisse sa jambe du dessus derrière celle de son partenaire. Ce dernier stimulera la paroi antérieure de son vagin de façon vigoureuse. Dans cette position, le contact entre les corps est important. De plus, la femme peut accentuer la pression sur la paroi antérieure de son vagin en se cambrant ou en levant la jambe du dessus.

Debout, assis, à genoux

Ce sont les positions les plus aisées pour provoquer des orgasmes du point G, car l'homme peut pénétrer sa partenaire selon un axe de 90 degrés. La femme, qui est allongée sur le dos, place ses talons sur les épaules de son amant, ou ses genoux dans le creux des coudes de celui-ci, lequel se félicitera alors d'avoir jadis pratiqué la musculation. Il pourra ainsi soulever les hanches de sa partenaire, donc accentuer la pression de ses va-et-vient le long du point G. « Je passerais la journée à la regarder dans cette position ! » raconte l'un de mes clients. « Ses seins tressautent, elle cambre les reins, son cou s'empourpre. Et puis j'obtiens des résultats sans forcer ! Cette position est devenue l'une de nos préférées. » Côté féminin, voici ce qu'on en dit : « La première fois qu'il m'a fait ça, j'en suis presque devenue folle. J'ai senti monter une vague de chaleur incroyable, ça ne m'était jamais arrivé auparavant. Mais il faut que je fasse attention, parce qu'à certaines périodes de mon cycle, je deviens très sensible et alors c'est comme un trop-plein de sensations. Mais quand ça marche : oh ! là, là ! »

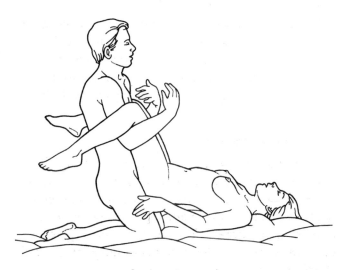

L'orgasme de l'urètre

Tout comme celle du clitoris, la stimulation de l'urètre est une source de grand plaisir chez certaines femmes, ce qui s'explique quand on sait que l'urètre (et ses glandes para-urétrales) est entouré sur trois côtés par le clitoris et se situe entre le gland clitoridien et l'ouverture du vagin (ou *introitus*). Ainsi l'urètre, qui est le conduit par lequel l'urine est menée vers l'extérieur, est placé juste en dessous du clitoris et au-dessus de l'entrée du vagin. Si l'on se réfère au schéma du Dr Helen O'Connell (p. 48), on constate que le clitoris est beaucoup plus gros qu'il n'y paraît à l'œil nu ; on comprend pourquoi, en le stimulant, on a toutes les chances d'exciter du même coup l'urètre.

Stimulation manuelle de l'urètre

Certaines femmes aiment éprouver une pression ferme sur la région de l'urètre pendant qu'elles se masturbent. Vu la petitesse de la surface concernée, il convient d'user de caresses appuyées. Le mouvement, de faible amplitude, s'effectuera de façon circulaire ou de haut en bas.

Stimulation buccale de l'urètre

L'homme recouvrira ses dents avec sa lèvre inférieure, puis il imprimera une pression sur l'urètre et ses environs immédiats. Il peut aussi écarter les petites lèvres de sa partenaire pour dégager la zone de l'urètre, puis lécher l'orifice de façon légère. La réaction de la dame lui indiquera immédiatement si elle aime ou non ce genre de caresses.

Provoquer un orgasme de l'urètre lors du coït

La femme au-dessus

L'orgasme est possible dans cette position, notamment si la femme se penche en avant, les jambes largement écartées, de façon à ce que l'orifice vaginal soit bien en contact avec la base du pénis de son partenaire.

Debout, assis, à genoux

L'orgasme de l'urètre peut se produire dans ces trois positions, à condition que l'homme use de petits coups de reins et que la femme enroule ses jambes autour de lui, se rivant ainsi à son sexe.

L'orgasme des seins et des mamelons

Les orgasmes des seins et des mamelons sont beaucoup plus courants qu'on ne pourrait le croire. Au moment de l'orgasme, la sensation semble irradier des seins (ou des mamelons). Il s'agirait, selon le professeur Herbert Otto, de l'orgasme le plus fréquent – après l'orgasme clitoridien. Cela se vérifierait, me semble-t-il, auprès de nos mères et de nos grands-mères, qui craignaient d'aller « jusqu'au bout », de peur de braver la morale de leur temps – et de se retrouver enceintes. C'était l'époque des flirts poussés, durant lesquels elles avaient des orgasmes des seins ou des mamelons.

Un homme m'a raconté : « L'une de mes petites amies avait les seins extrêmement sensibles. Je pensais qu'elle simulait… Jusqu'au jour où j'ai entendu parler de l'orgasme des seins. »

Si les statistiques démontrent clairement l'existence d'orgasmes des seins, c'est sur leur fréquence que les avis divergent : Masters et Johnson parlent d'1 cas sur 100 et le rapport Kinsey en arrive au même pourcentage ; en revanche, selon le Dr Herbert Otto, dont l'étude a porté sur un échantillon de 513 femmes, 29 % des sondées avaient connu dans leur vie un orgasme des seins.

Nombre de femmes se lubrifient lorsqu'on leur caresse les seins. Celles qui n'ont pas constaté un rapport de cause à effet admettent toutefois que ces caresses contribuent (parmi d'autres) à la montée du plaisir. Il existe également des dames dont les seins restent sourds à toute stimulation. L'allaitement peut provoquer des orgasmes mammaires, presque toujours accompagnés de contractions utérines, ou vaginales.

Stimulation manuelle des seins

Dans ce registre, faites ce qui plaît à votre amante. Certaines femmes apprécieront que vous décriviez des cercles larges et peu appuyés autour de leurs mamelons, d'autres voudront que vous mordiez ou pinciez ceux-ci. Dans tous les cas, prenez votre temps.

Stimulation orale des seins

Variez les plaisirs. Sucez, mordillez, léchez les seins de votre partenaire en alternance. Guettez ses réactions, puis improvisez.

Les accessoires de l'orgasme des seins et des mamelons

Certains gadgets érotiques émettent des vibrations ou provoquent une sensation de succion sur le mamelon. Si vous utilisez des pinces à seins, pensez à les retirer assez vite – toute impression d'anesthésie est un signal d'alarme.

L'orgasme de la bouche

La bouche est une zone érogène chez le bébé. Chez l'adulte, une stimulation de cette cavité peut provoquer l'orgasme. La jouissance naît dans la bouche, les lèvres, la langue, le palais, puis se diffuse dans tout le corps – sans aucune stimulation des parties génitales. Un baiser, ou une fellation, déclenchent chez la femme cet orgasme, qui génère des contractions utérines et vaginales.

Lors d'un séminaire pour messieurs, j'ai demandé aux participants si une ou plusieurs de leurs amantes avaient déjà connu ce genre de plaisir. L'un d'eux m'a regardée comme si je venais de la planète Mars, un autre a paru interloqué, puis s'est exclamé : « Oui ! Cela m'est arrivé ! » La technique la plus efficace pour provoquer un tel orgasme reste le baiser. Selon les recherches du Dr Herbert Otto, menées sur un groupe de 205 individus, 20 % des sondés avaient connu un orgasme de la bouche. Ce qui prouve bien qu'un tel orgasme existe. Un baiser d'expert, et qui dure. Le professeur Mantak Chia suggère aux messieurs d'aspirer la lèvre supérieure de la dame, puis d'en « balayer » la surface interne avec la langue. Une femme m'a confié : « Je ne sais pas comment il procède exactement, mais il se sert très bien de sa langue, parce qu'il me fait jouir ! Et cela marche chaque fois qu'il recommence. D'après moi, le secret réside dans la manière de sucer les lèvres. »

L'orgasme anal

Quand on pense à la sensibilité extrême de la bouche, il n'est pas difficile de comprendre que l'autre extrémité du tractus digestif est tout aussi réceptive aux caresses. Pour ma part, j'envisage le coït anal comme un nouveau pas à franchir – comparable à la fellation, longtemps associée à des pratiques « sales », avant d'être elle aussi considérée comme « normale ». Au cours de mes séminaires, ces dernières années, j'ai constaté que de plus en plus d'hommes et de femmes osent poser des questions sur le coït anal. Quant à savoir s'il s'agit là d'une suggestion en faveur de cette expérience, c'est à vous de choisir – chacun est libre de son corps. Toutefois, les couples qui ont ajouté ces plaisirs à leur répertoire érotique s'en sont tous félicités.

Pour pratiquer le coït anal avec une femme, il convient que celle-ci soit disposée à être ainsi pénétrée. Aussi, messieurs, je vous conseille de tâter le terrain avec un doigt propre et bien lubrifié. Dès que votre partenaire se détend et commence à répondre à ces stimuli, essayez d'utiliser d'autres objets (voir plus loin).

La pénétration anale peut se révéler difficile, notamment pour une raison physiologique. En effet, il existe deux sphincters, dont l'un obéit à la volonté, l'autre non. Aussi convient-il de décontracter ce dernier muscle avec le doigt, ou avec un accessoire érotique.

L'orgasme anal par stimulation manuelle

Pensez bien que toute caresse buccale a son équivalent anal. Caressez votre partenaire avec délicatesse, et pénétrez-la de même.

L'orgasme anal par stimulation buccale

Assurez-vous que votre partenaire n'est pas atteinte d'une hépatite virale avant de vous adonner à ce genre de jeux – ce conseil reste valable pour tout attouchement lingual. La meilleure technique consiste à lécher cette zone sensible du bout de la langue sur un *tempo* vif. Vous effectuerez des mouvements d'avant en arrière et de gauche à droite, tels de légers battements d'aile. Ou bien vous associerez les jeux de mains et de langue.

Les accessoires érotiques de l'orgasme anal

Veillez à ce que l'objet employé possède une base évasée, afin qu'il ne puisse pénétrer à l'intérieur du sphincter par inadvertance. Les muscles qui encerclent l'anus se contractent au moment de l'orgasme, et génèrent de même des contractions vaginales et urétrales chez la femme – urétrales et anales chez l'homme. Lorsqu'on insère un objet dans l'anus, les sphincters se resserrent autour – plus la résistance est grande, plus vive sera la sensation. Les perles anales intensifient la jouissance quand on les retire pendant l'orgasme – d'un seul coup, ou bien une à une. Les habitués de cet accessoire ont pour coutume de dire qu'il génère une « vague orgasmique » supplémentaire.

Veillez à ne pas partager ce genre d'accessoires avec d'autres, et à ne pas les utiliser simultanément dans le vagin et dans l'anus – même si vous les avez bien nettoyés.

Orgasme démultiplié

Cet orgasme a lieu quand on stimule plusieurs zones érogènes conjointement. Cela accentue l'intensité de la jouissance : les sensations sont plus fortes, et touchent un territoire plus vaste. Par exemple, un orgasme clito-ridien sera plus violent si l'on stimule les seins ou le point G de la femme en même temps. Cela s'explique par le fait que ces deux zones répondent à des nerfs distincts : le nerf honteux pour le clitoris, le nerf pelvien pour le point G. Plus nombreux sont les trajets nerveux concernés, plus la jouissance se révélera intense.

Orgasme d'une zone érogène

Ces zones varient selon les individus. Il s'agit de parties du corps qu'on associe rarement au plaisir suprême. Des personnes des deux sexes ont connu l'orgasme après qu'on leur eut léché le cou, les doigts, ou bien qu'on leur eut caressé les cuisses ou l'aine.

L'orgasme fantasmatique

Un tel orgasme sera provoqué par le fantasme et seulement par le fantasme. Nombreux sont ceux qui aimeraient jouir de par leur simple volonté, mais rares sont les élus. Les professeurs Whipple, Ogden et Komisaruk ont montré que les manifestations physiques liées à « un orgasme dû à l'imagination » restaient les mêmes que celles provoquées par une stimulation physique : augmentation de la pression artérielle, accélération du rythme cardiaque, dilatation des pupilles.

Plaisirs solitaires

La masturbation est souvent une façon, aussi bien pour les hommes que pour les femmes, de découvrir le plaisir, et de connaître ensuite plus facilement la jouissance. Vous pouvez indiquer à votre partenaire comment vous toucher et ce qui vous excite, et vous serez peut-être surprise de constater que votre partenaire, en retour, sera heureux de vous faire partager cette expérience, à vous aussi.

« Il n'y a pas deux femmes qui se masturbent de la même façon », affirment Masters et Johnson. Au point que le professeur Fithian a avancé l'idée qu'il existe des « empreintes orgasmiques », aussi spécifiques à une personne que les empreintes digitales.

Techniques de masturbation

Stimulation manuelle

- Certaines femmes apprécient une caresse circulaire, qui va du sommet du mont de Vénus jusqu'à l'intérieur des petites lèvres – et retour.

- On caressera de même le haut des grandes lèvres de façon circulaire, avec deux ou trois doigts tendus, ou le dessus du clitoris avec deux ou trois doigts lubrifiés. Si vous avez recours à un lubrifiant, utilisez toujours un produit à base d'eau, car l'huile peut provoquer des infections vaginales, ou de la vessie.

- Un seul doigt, généralement le majeur, stimulera le clitoris avec un mouvement de bas en haut. L'index et l'annulaire maintiennent les grandes lèvres ouvertes.

- On insérera deux doigts dans le vagin, puis l'on stimulera le clitoris avec les doigts de l'autre main – de façon circulaire, latérale, d'avant en arrière. Il est conseillé de varier la pression.

- On stimulera les seins conjointement pour générer des sensations plus vives.

- Les femmes aiment parfois exercer une pression sur la ligne qui va du nombril à la naissance du pubis, au moyen des doigts de leur main « libre ». Cela contribue à étendre la zone d'où naît le plaisir.

- Certaines femmes aiment qu'on leur tapote le clitoris après qu'on l'a stimulé d'une autre façon.

L'eau

- Remplissez la baignoire sur quelques centimètres avec de l'eau chaude, asseyez-vous dedans, puis placez votre sexe sous l'eau courante. Un tapis adhérant au fond de la baignoire vous évitera de glisser lorsque vous effectuerez ce mouvement de va-et-vient qui accélère la montée du plaisir.

- Ouvrez votre sexe avec vos mains pour offrir une plus grande surface sensible au jet d'eau. Cela accroît le plaisir. Plus la peau est tendue, plus la jouissance est grande.

- Les bidets se révèlent intéressants, notamment ceux qui possèdent un jet central.

- Les pommeaux de douche ont leur utilité. Nombre de dames s'en servent dès le matin.

- Dans le jacuzzi, placez-vous au-dessus du jet. Certaines femmes trouvent la sensation plus vive lorsque l'eau jaillit par-derrière et écarte les petites lèvres, livrant ainsi au jet ainsi une plus grande partie du clitoris, une des zones les plus sensibles du corps.

- Les femmes racontent parfois qu'elles peuvent se laisser aller plus facilement à leurs fantasmes dans l'eau car elles se « déconnectent » du monde extérieur.

Utilisez des surfaces variées

- Maintes femmes adorent se masturber avec un oreiller ou un tissu particulier, ce qu'elles faisaient déjà dans leur enfance, presque par accident.

- Un lavabo en porcelaine se révèle parfois une source de plaisir inattendue : cette idée nous a été communiquée par une femme, qui raconte : « À l'école, je m'appuyais contre ces gros lavabos en porcelaine. J'étais très grande, alors je me plaçais contre le coin et je me balançais doucement, jusqu'à ce que le plaisir vienne. J'ai fait ça pendant des années. Tout le monde se disait juste que je détestais avoir les mains sales. »

- La cuisse d'un homme se révèle souvent très érotique. « Je jouis en me frottant sur la cuisse de mon mari », rapporte l'une de mes clientes.

Les vibromasseurs

À cet égard, les femmes se divisent en deux camps. Celles qui apprécient une stimulation directe du clitoris choisissent un jouet de petite taille. Celles qui préfèrent une sensation plus diffuse utiliseront un accessoire électrique d'un plus grand format.

- Avec un modèle de vibromasseur de petite taille, l'action consiste en une série de caresses légères aux alentours du clitoris, jusqu'à ce que l'excitation soit assez vive et que le clitoris soit prêt à recevoir une stimulation plus directe. Les femmes placent le plus souvent le vibromasseur sur les lèvres extérieures, plus charnues, pour réduire l'intensité des vibrations. De cette façon, les sensations se diffusent le long de l'aine. Pour certaines femmes, le contact direct du vibromasseur sur le clitoris est beaucoup trop intense. Comme le rapporte l'une d'entre elles : « J'adore sentir monter le plaisir doucement et avec le vibromasseur, j'avais l'impression qu'on m'arrachait l'orgasme de force ; c'était trop pour moi. »

- Un vibromasseur de grande taille procure des sensations plus fortes. Dans un premier temps, on recouvrira l'extrémité du jouet avec un gant de toilette, pour assourdir les vibrations. On peut en outre poser l'engin sur un oreiller puis s'allonger dessus et procéder à des frottements pelviens, qui se combineront à la vibration.

- Il existe des vibromasseurs fixes, sur lesquels les utilisatrices peuvent s'empaler seules ou en présence d'un partenaire. Ces jouets-là restent cependant très onéreux et très gras.

Les femmes n'ont souvent recours qu'à une seule méthode pour se caresser – alors qu'il existe maintes façons de jouir en se masturbant. Si vous désirez épicer votre vie sexuelle, n'hésitez pas à repousser un peu vos limites, et à prendre plus de temps pour jouer avec votre corps ; je vous suggère ensuite de goûter aux plaisirs de la technique qui vous conviendra le mieux. Pourquoi ne pas combiner plusieurs des méthodes proposées ? Mère Nature nous a donné un corps et une imagination souvent fertile. N'hésitez pas à les associer…

6

L'ORGASME AU MASCULIN, OU COMMENT UTILISER AU MIEUX VOS ATTRIBUTS

Différences entre l'orgasme de l'homme et celui de la femme

L'orgasme de l'homme diffère de celui de la femme pour de nombreuses raisons. Les femmes connaissent dix types d'orgasmes, les hommes seulement sept. Et qui se produisent suite à une stimulation du pénis – manuelle, buccale, ou lors du coït (généralement accompagné d'une éjaculation), par la prostate ou l'anus, par excitation des mamelons et, pour quelques élus, par le fantasme. Les rêves érotiques suivis d'éjaculation ne sont peut-être qu'un moyen, naturel, d'évacuer le sperme en surproduction.

Ces quatre catégories indiquent *où* naît en général l'orgasme, mais elles ne donnent pas toutes les indications concernant le *comment* de l'orgasme masculin. La clef qui vous permettra d'avoir accès à une meilleure jouissance (c'est-à-dire de ressentir plus de plaisir et mieux le maîtriser), c'est la réceptivité : réceptivité du corps, réceptivité des muscles et des terminaisons nerveuses. Quelles que soient la localisation ou la nature de l'orgasme, les hommes ont tendance à le ressentir en termes d'intensité physique et/ou de lien émotionnel. Il peut arriver que votre partenaire et vous, vous ayez juste « envie de vous amuser », auquel cas vous serez plus axés sur l'intensité physique. Si vous êtes d'humeur plus romantique, que vous vous sentez très proches l'un de l'autre, vous ferez peut-être l'amour afin d'accroître ce sentiment de proximité émotionnelle. Dans ce cas, vous utiliserez le sexe comme vecteur du lien sentimental.

Comme nous l'avons vu, l'excitation sexuelle se décline en quatre temps, à ces différences près que la femme est plus lente à s'émouvoir que l'homme et reste excitée plus longtemps. Les hommes, en revanche, réagissent plus rapidement à la stimulation, mais restent excités moins longtemps.

J'énumère plus loin les sept manières différentes de jouir au masculin. Faites l'expérience de ces plaisirs séparément, ou bien associez, à votre gré, plusieurs d'entre eux. Je vous recommande de lire ce passage à deux, afin de découvrir ensemble ce qui vous intéresse et vous émoustille.

SECRET D'ALCÔVE

Lors d'un rapport sexuel, la personne qui se trouve en position supérieure maîtrise mieux sa jouissance que son/sa partenaire, car elle contrôle mieux l'intensité des va-et-vient.

Différents types d'orgasmes

En règle générale, l'homme peut parvenir à l'orgasme de sept façons différentes :

1. Durant le coït

2. Par stimulation manuelle

3. Par stimulation orale

4. Par stimulations de l'anus et de la prostate

5. Par le fantasme

6. Par une excitation des seins ou des mamelons

7. Au moyen d'accessoires érotiques

Orgasme durant le coït

Oui, nombreux sont ceux, hommes ou femmes, qui pensent que c'est au niveau du pénis que se déclenche l'orgasme. Il est évident que beaucoup d'hommes se sont initiés au plaisir et ont commencé à maîtriser leur sexualité par cette partie de leur anatomie, à travers la masturbation (même à la va-vite, pour ne pas se faire prendre par Maman). Ce que j'espère, c'est qu'après avoir parcouru ce qui suit, vous verrez qu'il existe des horizons bien plus variés. Certains découvriront qu'en stimulant d'autres zones de leur corps, ils amplifient l'orgasme au niveau du pénis. Vous apprendrez en quelque sorte à élever votre plaisir à un autre niveau. Pour d'autres, cela consistera à pénétrer en territoire inconnu, celui des orgasmes ressentis dans d'autres parties du corps – les tétons, par exemple. Vous découvrirez peut-être que rien ne vous excite plus que de vous faire frotter les pieds par votre partenaire… Qui sait ?

Nous aborderons ci-dessous les diverses positions que les couples adoptent durant le coït. Le descriptif de ces positions s'accompagnera d'informations spécifiques, qui vous donneront une idée de la marche à suivre pour accéder à certaines sensations et en décupler l'intensité.

La femme sur l'homme

Beaucoup d'hommes raffolent de cette position lors de laquelle ils sont « chevauchés » par une femme. Sachant que la majorité des hommes sont par nature visuels, on comprend pourquoi cette position est parmi les plus appréciées, notamment des amateurs de poitrines, qui peuvent contempler le balancement des seins pendant l'acte. Après tout, du point de vue de l'effort à fournir, l'homme n'a pas grand-chose à faire, hormis profiter du spectacle, puisqu'il sait que la femme a les choses en main et se fait plaisir.

La position centrale représentée à la page suivante s'avère idéale lorsque l'homme est beaucoup plus lourd que sa partenaire et que les amants désirent un corps à corps, comme dans la position du missionnaire. Dans cette position, l'homme peut même faire travailler ses abdominaux en serrant et en soulevant simultanément sa partenaire. Nombre d'hommes s'excitent plus vite, se détendent et jouissent plus facilement dans cette position. Notez que la femme prend appui sur les pieds de son amant pour faciliter ses mouvements.

La « méthode chinoise » est une alternative à cette figure – (voir l'illustration en bas de page). L'homme a deux plaisirs : voir son sexe pénétrer sa partenaire, et contempler le derrière de celle-ci.

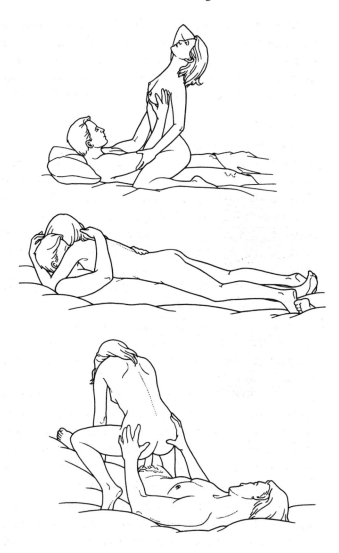

L'homme sur la femme

Cette position est couramment désignée sous le terme de « missionnaire », car les indigènes d'Océanie l'auraient découverte en observant les missionnaires envoyés pour les convertir. Le côté prévisible de cette position (comparable au plaisir de manger son plat préféré) permet parfois à l'homme de se détendre et d'accéder à l'orgasme de façon naturelle et sans surprise. Qu'elle fasse partie ou non de vos « classiques », elle demeure très populaire chez les femmes, car elles se retrouvent enveloppées par l'homme. Et je les entends souvent dire que cela leur donne « un sentiment de sécurité », qui rend leur partenaire « tellement viril ».

La position représentée en haut de la page 125 permet une pénétration très profonde, la configuration centrale une introduction assez profonde, ainsi qu'une stimulation du clitoris.

Le dernier dessin illustre la « méthode florentine » : la femme avivera les sensations de son partenaire en pressant la base de son pénis entre le pouce et l'index.

FAITS HYSTÉRIQUES

Voici quelques exemples d'orgasmes dont je n'avais jamais entendu parler auparavant : l'orgasme visuel (en restant les yeux dans les yeux pendant l'orgasme sexuel) et l'orgasme dit des « jambes en coton » (si d'ordinaire vous réagissez à l'orgasme par une tension de chaque muscle, essayez de vous décontracter totalement, comme si vous étiez « en coton »).

Sur le côté

La position proposée ci-dessous (l'homme et la femme sont collés l'un à l'autre telles des cuillers) présente deux avantages : le contact extrême entre les corps, ainsi qu'un réel confort.

Une variante plus athlétique est représentée page suivante. Si vous concluez sur cette configuration, vous aurez l'avantage de pouvoir vous endormir l'un dans l'autre, tête-bêche, comme l'illustre le dernier schéma.

SECRET D'ALCÔVE

La règle numéro un, mesdames, c'est que tout ce que vous lui faites doit vous faire de l'effet à vous aussi.

Par-derrière

Les hommes apprécient cette position, car ils sentent leur partenaire contre leurs cuisses et leur ventre, ce qui les excite terriblement. Pour les deux partenaires, l'intensité érotique de cette position (comme le montre le premier schéma de la page suivante) pourra être décuplée par l'usage d'un miroir, placé en face du couple ; ainsi, la simple stimulation visuelle suffira à faire monter l'excitation.

Comme on le voit en bas de la page suivante, si la femme garde les épaules plus bas que le bassin, la stimulation du gland est bien plus intense et l'aspect « animal » de la position n'est pas pour déplaire à l'homme, comme en témoignent certains : « Je sais que ce genre de choses ne se dit pas, mais j'adore la prendre par-derrière. » Pour d'autres amateurs de cette position, c'est la proximité du sexe de la femme (et donc de son odeur) qui sera particulièrement excitante.

Debout, assis, à genoux

Les couples ont recours à ces trois positions au début d'un coït, ou pour varier les plaisirs au cours d'un rapport sexuel (ce qui est toujours recommandé pendant l'amour, surtout si vous avez tout votre temps pour les préliminaires et si vous aimez rompre la routine). Il est recommandé d'utiliser une chaise dans la position assise : l'homme peut s'appuyer au dossier, la femme sur ses pieds posés au sol.

Cependant, comme on le constate dans les schémas suivants, il est difficile de maintenir ces positions jusqu'à l'orgasme, même pour les plus athlétiques d'entre nous. N'hésitez pas à avoir recours aux conseils des magazines masculins et, éventuellement, à travailler les muscles spécifiques.

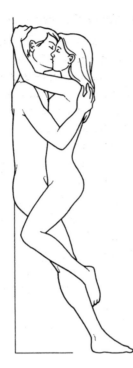

SECRET D'ALCÔVE

Chez l'homme, l'orgasme dure de 10 à 15 secondes, chez la femme de 10 à 60 secondes pour une extase classique, et de 19 à 28 secondes pour un orgasme multiple.

Orgasme par stimulation manuelle

La stimulation manuelle du pénis mérite un paragraphe à part entière, car lorsque votre partenaire, par le seul usage de ses mains, réussit à vous exciter et à vous amener à l'orgasme, c'est là une source de plaisir pour tous deux – alors profitez-en doublement ! « J'ai le sentiment de le rendre fou de plaisir ! » m'a confié l'une de mes clientes. Un homme a déclaré à son amante : « Je tiens à ce que tu m'expliques en détail ce que tu m'as fait… Quand j'aurai retrouvé mes esprits ! »

La première technique dont je vous ferai la présentation est la désormais célèbre « Ode à Bryan ». Si vous avez lu *L'Art de faire l'amour à un homme*, vous vous rappelez sans doute que le Bryan en question est cet ami qui, le premier, m'a montré ce que les hommes aiment le mieux, au moyen d'une cuillère sortie de sa tasse de lait chaud. Bryan s'est servi d'une petite cuillère pour la bonne et simple raison que c'était tout ce qu'il avait sous la main, à ce moment-là. Mais il existe bien sûr des accessoires plus adaptés, pour exercer vos talents. Dans notre séminaire, nous avons recours à un « produit pédagogique », comme je l'appelle – autrement dit, un godemiché hyperréaliste avec une ventouse à la base.

Les instructions ci-dessous s'adressent aux femmes qui veulent faire plaisir à leur homme. Elles s'inspirent des démonstrations que je fais aux femmes qui s'inscrivent à mes séminaires sur la sexualité. Toutefois, vous et votre partenaire pouvez tout à fait vous entraîner « en vrai » (c'est-à-dire sur son pénis), ou bien avoir recours à un godemiché ou à un concombre.

Certaines femmes ont essayé avec une banane, mais les résultats ont été décevants – les bananes sont loin d'être assez fermes.

L'ode à Bryan
(également connue comme la Samba du pénis)

- Étape n° 1 : enduisez ses mains d'un lubrifiant, puis frottez-les l'une contre l'autre afin de chauffer le produit.

- Étape n° 2 : commencez par étendre les mains devant vous, paumes vers l'extérieur et pouces tournés vers le bas (ils doivent cependant rester collés contre l'index et ne pas pointer comme des pics). D'une main (peu importe laquelle), saisissez doucement mais fermement la base du pénis. Vous voyez donc le dos de votre main et vos quatre doigts (sans le pouce, placé en dessous). Quant au poignet, il doit être cassé, de manière à ce que la main soit à la perpendiculaire de l'avant-bras. Votre partenaire quant à lui verra votre pouce, enfoui dans ses poils pubiens. Placez votre autre main de façon à ce qu'elle puisse facilement entrer en action (posée sur sa cuisse ou ses testicules, par exemple), une fois que la première main aura achevé sa caresse. Vous effectuerez ainsi un « tour complet ». Les deux mains seront donc perpétuellement en mouvement, et vous n'aurez plus à vous demander où les poser. Car elles ne se reposeront pas.

- Étape n° 3 : remontez le long du pénis d'un seul mouvement avec la première main.

- Étape n° 4 : lorsque vous êtes parvenue sur le gland, effectuez une rotation avec la main, comme pour ouvrir un bocal. Ne tournez pas la main jusqu'en haut. Comme me le disait Bryan : « La partie

critique, c'est la rotation de la main. Il ne faut pas tourner jusqu'en haut du gland. »

- Étape n° 5 : la paume de la main recouvre le gland au maximum, puis oscille de gauche à droite.

- Étape n° 6 : du fait du mouvement de rotation de la main, vous vous retrouvez le pouce tourné vers vous, et le dos de la main vers votre partenaire. D'un mouvement ferme, faites redescendre votre main en position de départ, suivie immédiatement par l'autre main, qui vient se placer au-dessus de la première. Celle-ci se replace ensuite au-dessus, pour maintenir le mouvement. N.B. : ce dernier point est important, car il faut que les sensations soient continues. Pour cela, le mouvement doit être rapide et ininterrompu.

- Étape n° 7 : effectuez la caresse complète avec les deux mains en alternance, jusqu'à ce que l'homme ait un orgasme.

La Samba du pénis n'est autre qu'une version accélérée de l'Ode à Bryan, concentrée exclusivement sur le gland. Et comme vous le découvrirez sans doute, ce mouvement possède un rythme bien à lui. Il vous faut former un cercle du pouce et de l'index, comme une mini-bouée de sauvetage posée autour du gland. Ce qui vous permet de concentrer vos efforts sur les cinq premiers centimètres du pénis – la partie la plus sensible, pour la majorité des hommes. De l'autre main, faites bouger cet anneau en un mouvement circulaire sur le bout du gland (imaginez que vous avez de l'encre sur la paume et que vous essayez d'en appliquer une couche régulière sur le bout de son pénis). Une fois l'application terminée, changez de main et reprenez le mouvement depuis le début.

Main dans la main

- Étape n° 1 : enduisez ses mains de lubrifiant.

- Étape n° 2 : refermez les mains paume contre paume, doigts entrelacés.

- Étape n° 3 : écartez les paumes l'une de l'autre, pour former un orifice du diamètre du pénis.

- Étape n° 4 : enfilez les mains (positionnées comme précédemment) sur le pénis. Resserrez les paumes, afin de recréer les sensations que procure un vagin étroit. En somme, vous créez une sorte de vagin de substitution.

- Étape n° 5 : montez, descendez – et ainsi de suite – les mains refermées sur le pénis comme précédemment.

- Étape n° 6 : faites doucement pivoter vos mains entrelacées, tout en montant et en descendant le long du pénis, un peu comme à l'intérieur d'une machine à laver. En plus doux, bien sûr, car il ne s'agit pas d'aller et venir trop fort. Combinez un mouvement de haut en bas avec une caresse pivotante.

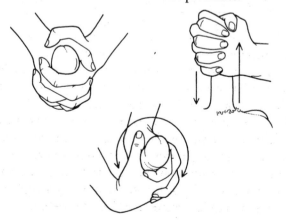

L'orgasme oral

Les hommes raffolent littéralement des orgasmes par fellation ! Aussi, comment franchir le fossé qui sépare ce grand plaisir masculin et les réticences, voire le dégoût que cet acte suscite chez certaines femmes ? Dans toutes mes années de séminaires de sexologie, au travers notamment de discussions avec des femmes, j'ai constaté qu'il y a une distinction très nette entre celles qui *aiment* pratiquer le sexe oral avec leur amant et celles qui n'aiment pas cela. La différence tient au fait que les femmes qui aiment la fellation savent qu'elles procurent à leur partenaire un plaisir très particulier et très précieux, et il est très excitant pour elles de sentir que par elles l'homme « connaît cette sensation tellement extraordinaire ». Celles qui n'aiment pas le sexe oral le vivent souvent comme « une obligation » ou quelque chose qu'on attend d'elles. De ce fait, elles trouvent le concept déplaisant.

Comme c'est le cas pour toute expérience de la vie, si le premier contact avec le sexe oral (et avec le sexe en général) se passe de façon positive, la femme gardera vraisemblablement un *a priori* positif à ce sujet. Toutefois, on peut réagir de mille façons différentes à un événement et il arrive qu'on croise des partenaires bien peu subtils ou compréhensifs et que ce soit avec eux qu'on fasse de nouvelles expériences. Jusqu'à ce que l'on rencontre un partenaire sensible et encourageant, on n'a aucune idée de sa valeur en tant qu'amant(e), et l'on manque de confiance en soi – car nos partenaires sont « l'épreuve de vérité », c'est par eux qu'on détermine si l'on s'en sort bien ou pas. Et parfois les hommes (ou les femmes) ne savent pas guider leur partenaire, même lorsqu'il ou elle le demande. Et voici l'analogie que j'utilise pour expliquer cette difficulté : lorsqu'on se fait masser, on ne se concentre pas sur ce qui est fait au corps ; on se contente de se détendre et de se laisser aller aux sensations. Au lit, on ne passe pas son temps à *analyser* ce que fait l'autre, mais à le ressentir.

Une femme, c'est comme un cheval : on peut l'emmener jusqu'à la rivière, mais on ne peut pas la forcer à boire – elle y viendra en temps et en heure, si la soif la prend. J'ai récemment entendu parler d'un site Internet désopilant, qui vend des CD contenant des messages subliminaux censés pousser les femmes à pratiquer la fellation. Bienvenue sur escroquerie.com ! Plutôt que de se procurer un CD pour manipuler son esprit, pourquoi ne pas se montrer droit et lui offrir l'attention qu'elle mérite ? Cela lui fera tourner la tête bien plus sûrement que n'importe quel CD.

FAITS HISTORIQUES ET HYSTÉRIQUES

Un sondage récent, effectué auprès d'un grand nombre de prostituées américaines, révèle que la fellation est la requête la plus souvent formulée par les clients.

Il existe cependant un moyen de faire apprécier aux femmes ce plaisir très particulier à partager avec un homme. La clef du succès et du plaisir, c'est de *prendre le contrôle des opérations*. Comme me l'a avoué un homme : « Quand elle me prend profondément dans sa bouche, je m'excite rien qu'à la regarder. Lorsqu'elle aspire mon gland, j'ai l'impression que des centaines de petits doigts cavalent dessus. C'est comme si je faisais l'amour avec trois femmes en même temps ! »

S'il est vrai que la fellation est beaucoup plus plaisante pour l'homme quand il n'a rien à faire, c'est aussi de cette façon qu'elle est la plus appréciable pour la femme. Les femmes qui hésitent à pratiquer la fellation avancent trois raisons majeures :

- le fait de prendre un pénis dans la bouche leur donne l'impression de suffoquer ;
- on leur demande d'effectuer une fellation profonde (comme dans le fameux film porno *Gorge profonde*) et elles s'en sentent incapables ;
- elles hésitent à commencer parce qu'elles répugnent à avaler le sperme.

Il ne faut pas s'y tromper : la fellation est une technique acquise – même si on la retrouve à l'occasion dans le règne animal. Pour ce qui est du risque d'étouffement ou de haut-le-cœur, Mère Nature nous a équipés de réflexes, qui nous protègent de ce genre de risques. Le réflexe antiétouffement s'est intégré à la biologie humaine pour notre sécurité. Il est donc probable qu'en pratiquant la fellation, vous ressentiez un haut-le-cœur ou une envie de tousser – c'est le cas de la plupart des femmes. Ne vous inquiétez pas, il faut du temps pour que cela se fasse naturellement.

Celles qui craignent de s'étouffer pourront avoir recours à la technique dite du sceau et de l'anneau. Formez un anneau avec le pouce et l'index de la main de votre choix, et « scellez »-le à votre bouche, comme un petit tube. Cet anneau scellé à votre bouche vous évite d'avoir à varier la pression avec les lèvres. Fini l'intérieur de la bouche abîmé par les dents qui appuient. Fini également, la mâchoire qui fatigue et les crampes. En collant votre main à votre bouche, vous allongez la zone de stimulation pour votre partenaire (elle passe ainsi de sept à quinze centimètres environ). De plus, c'est du pouce et de l'index que vous contrôlez la pression, ce qui vous permet de reposer votre bouche. Vous pouvez ainsi maîtriser la vitesse et la force avec laquelle le pénis pénètre dans votre bouche, et jouer de la pression.

SECRET D'ALCÔVE

Les hommes affirment qu'il y a trois éléments néces-saires à une pénétration vaginale réussie : une combinaison de chaleur, de pression et d'humidité. Gardez cela à l'esprit lorsque vous pratiquez le sexe oral. Votre bouche génère l'humidité et votre main (grâce à la technique de l'anneau), des sensations bien plus intenses que d'autres parties de votre corps. Tirez-en parti. Si vous ne devez vous rappeler qu'une chose concernant la fellation, que ce soit la suivante : pour que les choses se passent le mieux possible, c'est vous qui devez diriger les opérations. Vous le faites pour lui, ce n'est pas lui qui se fait plaisir à travers vous.

Il n'est pas rare que les hommes demandent une fellation, telle qu'on la pratique dans les films pornographiques – connus pour leurs montages. Or, la fellation profonde (au cours de laquelle la femme prend toute la longueur du pénis dans la bouche) est irréalisable pour la majorité des femmes. Si vous parvenez à maîtriser la vitesse et l'angle de pénétration du pénis dans votre bouche, et si vous avez recours à la technique de l'anneau, il y a peu de risques que vous vous étouffiez. Vous pouvez décider jusqu'où peut aller son sexe, et lorsque vous avez atteint la profondeur limite, vous n'avez qu'à remonter jusqu'au gland. Quand vous vous sentirez plus à l'aise dans cet exercice, vous serez progressivement capable de repousser cette limite, si c'est là ce que vous désirez.

Magie de la bouche

Comme quand on danse, il arrive qu'on enchaîne tous les pas, puis qu'on ralentisse le rythme – en somme, on varie les effets et on s'adapte au *tempo* et à l'humeur du moment.

Vous découvrirez rapidement que le secret d'une bonne fellation, c'est de trouver votre « rythme » et, comme pour la danse, ce rythme sera différent avec chaque partenaire, en fonction de ses goûts. Pour assurer votre succès en toutes circonstances, rappelez-vous les quatre gestes fondamentaux de la fellation. Utilisez-les à votre rythme et selon les combinaisons de votre choix, mais sans changer les gestes eux-mêmes. Et laissez-moi vous signaler que plus la partie manuelle sera longue, moins vous aurez à travailler l'oral ! Voici les quatre conditions d'une fellation réussie :

- L'emploi de la technique du sceau et de l'anneau, la main étant un auxiliaire de la bouche. Les muscles de la mâchoire se fatiguent moins vite : la fellation dure plus longtemps.

- Le va-et-vient de la bouche le long du pénis (en couvrant les dents de la lèvre), pour accroître la zone de stimulation chez l'homme.

- L'activité constante de la langue, qui effectue des mouvements d'avant en arrière, ou bien circulaires, à vitesse variable. Et s'attarde sur le frein.

- Les caresses qu'effectue la main libre sur les mamelons, les testicules, le périnée, l'anus, afin d'élargir la zone de plaisir.

Tant que vous n'oubliez pas ces quatre mouvements, vos expériences de sexe oral seront une source de plaisir pour vous deux. Et bien que je l'aie déjà dit, je crois qu'il n'est pas inutile de le répéter : la joie que vous tirerez du plaisir que vous lui donnerez vaut son pesant d'or – il n'y a aucun doute là-dessus. Mais savoir que vous et vous seule êtes capable de le lui donner vous apportera la meilleure preuve possible de votre pouvoir de femme. Aussi, ne négligez pas ce plaisir que vous êtes en mesure d'offrir à votre partenaire. Pour beaucoup d'hommes, le sexe oral est l'une des expériences les plus satisfaisantes qui soient.

Pour ce qui est d'avaler ou pas, ou de le laisser ou non jouir dans votre bouche, je dirais : c'est votre bouche. Mais après avoir pris mes renseignements auprès d'hommes « bien dans leur corps et bien dans leur tête », il se révèle qu'ils aiment tous cela, car ils ressentent que ce qu'ils ont de plus viril est ainsi accepté. Si vous décidez de le faire, vous pouvez intensifier le plaisir de l'éjaculation, que ce soit ou non dans votre bouche, en entourant le pénis de vos mains (immobiles) et en vous calquant sur la pulsation interne pour exercer de légères pressions synchrones.

Si vous combinez les pas de danse, voilà ce que vous devriez obtenir :

- Formez un anneau avec le pouce et l'index. N'oubliez pas que l'anneau doit rester *scellé* à votre bouche à tout moment.

- Faites aller et venir votre bouche le long du pénis, tout en exerçant une succion permanente. Vous n'aurez pas à forcer le mouvement, car l'anneau créera la sensation de succion lors du mouvement ascendant. Quant au mouvement de rotation, vous l'effectuerez également avec les deux doigts, lors du va-et-vient.

- Ne cessez jamais les mouvements de langue, le long du *frenulum* (le frein), en utilisant ou bien le dessus ou bien la partie tendre du dessous de la langue, afin de varier les plaisirs.

- N'oubliez pas les deux belles-filles. Cette expression est une trouvaille d'un de mes séminaristes, qui avait ainsi nommé les « orphelines », car « elles appartiennent à quelqu'un d'autre, et on a tendance à ne pas s'occuper d'elles ». Or, un homme aime toujours qu'on s'occupe de ses testicules, qu'on les tienne et qu'on les caresse, qu'on les réchauffe dans la bouche ou entre les mains, aussi n'hésitez pas à lécher le scrotum et les testicules. Et les poils, me direz-vous ? De la main, écartez doucement les duvets.

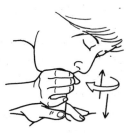

Demandez à votre partenaire de positionner votre main de la façon qu'il préfère.

- De votre main libre, parcourez le reste de son corps.
- Cherchez son regard. Et pourquoi ne pas lui demander de vous regarder ?

Orgasmes de la prostate et de l'anus

Tout comme le point G chez la femme, la prostate peut être stimulée soit de façon interne, soit de façon externe – certains hommes aiment également qu'on stimule l'anus de cette façon. Pour titiller la prostate, la femme peut utiliser ses doigts (préalablement enduits d'un lubrifiant sans nonoxynol, souvent irritant), ou bien un accessoire, pouvant aller jusqu'au godemiché, selon l'effet de « plénitude » souhaité par l'homme dans la pénétration. Quoi qu'il en soit, il est toujours nécessaire d'avoir recours à un lubrifiant, pour éviter toute irritation des muqueuses. Rappelez-vous que l'anus ne s'autolubrifie pas.

Les pétales de rose (ou anilingus)

Pour les femmes à qui l'anilingus ne pose pas de problèmes, il faut savoir que les hommes sensibles aux contacts sur l'anus aiment souvent cette technique. La femme utilisera sa langue comme un petit ciseau à sculpter, qu'elle maniera délicatement sur l'anus. Là encore, je suggère de ne pas se limiter à cela et d'intégrer d'autres caresses. L'une des combinaisons préférées évoquées dans mes séminaires est celle où la femme masturbe l'homme simultanément – l'intensité de la sensation rend parfois l'orgasme sensationnel !

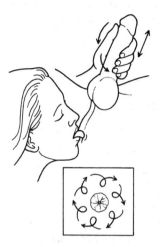

La position la plus favorable à l'anilingus, c'est que votre homme soit à quatre pattes et vous tournant le dos, ou bien allongé sur le dos, avec un oreiller sous les fesses. De la sorte, son pelvis sera légèrement surélevé, ce qui vous rendra la zone anale plus accessible. Plus d'une femme m'a déjà demandé : « Mais comment le faire se mettre à quatre pattes ? » Mon conseil : demandez-le-lui, tout simplement. Je vous parie que ce sera fait en un clin d'œil.

Placez-vous derrière lui et opérez des mouvements fermes avec la langue. Imaginez que vous taillez les sépales d'une rose (ces petites feuilles à la base des pétales), tout autour de son anus. La petite touche en plus consistera en une stimulation manuelle, pendant que votre langue humide et chaude lui parcourt l'anus. Il existe deux cas de figure possibles :

- Tendez la main en contournant sa cuisse et caressez-lui doucement le bout du pénis (avec une main chaude et bien lubrifiée).

- Passez la main entre ses jambes et procédez sur son pénis à une caresse lente vers l'avant, accompagnée d'une rotation.

FAITS HISTORIQUES ET HYSTÉRIQUES

La pratique sexuelle la plus couramment représentée dans l'art précolombien est le coït anal.

Les jeux anaux peuvent de toute évidence pimenter votre vie sexuelle, mais ne vous sentez pas contrainte d'y avoir recours si vous éprouvez la moindre réticence. Parlez-en ensemble, voyez si vous avez tous les deux envie de vous lancer dans cette expérience tout à fait naturelle.

Orgasmes par le fantasme

J'anime des séminaires sur la sexualité depuis huit ans, et je n'ai rencontré qu'un seul homme capable de jouir exclusivement à l'aide de son imagination.

Il dit que tout est question de volonté et de maîtrise mentale. Quant à savoir si on peut atteindre l'orgasme par le seul pouvoir de l'imagination, ou par un mélange d'imagination et de stimulation, je suppose que tout dépend de l'imagination de chacun. Les fantasmes ont souvent pour ancrage les expériences de jeunesse – qu'il s'agisse du tablier plastifié contre lequel vous portait votre nounou après le bain et qui vous a fait aimer le latex, ou bien de l'excitation que vous avez ressentie en voyant l'ombre de votre voisine à la fenêtre de sa chambre. Et puis il y a les fantasmes qui requièrent une participation extérieure. Les fantasmes de masturbation sont plus appropriés à un plaisir en solitaire, car la réalité (ou traduction de ces fantasmes) égale rarement l'expérience mentale.

Le fantasme a un pouvoir sexuel étonnant. Il existe des supports qui permettent de donner du relief à sa vie sexuelle, tels que les récits érotiques, les magazines, les cassettes vidéo, le fait de partager ses fantasmes avec son partenaire, ou encore l'imagination pure. Tout est question de goût, chacun est le mieux placé pour savoir ce qui l'excite le plus. Je recommande cependant de ne pas utiliser de supports érotiques si cela pose un problème à l'un des deux partenaires.

Orgasme des seins et des mamelons

Un seul homme de ma connaissance a des orgasmes quand on excite ses mamelons. Je suppose qu'il n'est pas le seul à connaître ce genre de plaisir. Aussi, mesdames, sachez que nombre de messieurs apprécient qu'on leur mordille, qu'on leur suce ou qu'on leur pince le bout des seins – notamment avec des pinces prévues à cet effet. Elles sont conçues tout spécialement pour cette partie du corps, et il en existe de vibrantes. Bien sûr, il y a des hommes et des femmes qui n'apprécient pas du tout ce genre d'équipement. Comme toujours, le mieux reste de communiquer avec votre partenaire.

Les accessoires érotiques

Il me paraît judicieux d'utiliser ces jouets pour adultes : ils mettent du piment dans la vie sexuelle des couples !

Les hommes dont l'anus est sensible apprécieront les contacteurs et les perles anales. Ceux qui souhaitent avoir une érection plus ferme peuvent utiliser des anneaux péniens. Je parlerai des jouets érotiques au chapitre 8.

Les joies de la masturbation

Bien que les hommes soient en général plus à l'aise que les femmes avec la notion et la pratique de la masturbation, lorsqu'un homme désire, préfère se procurer du plaisir lui-même ou qu'il en a besoin, il arrive encore fréquemment qu'on y associe honte et secret. Certains hommes rapportent qu'ils ont beau avoir une vie sexuelle fabuleuse avec leur partenaire, ils n'abandonnent pas pour autant les plaisirs solitaires. Leurs raisons sont variables : parfois c'est l'autonomie et le fait de ne pas avoir à se préoccuper des sentiments de l'autre, parfois « c'est comme une pulsion… il faut que je le fasse… et vite ».

Au cours de mes séminaires, j'ai découvert que la masturbation est pour beaucoup d'hommes et de femmes le moyen le plus facile d'avoir un orgasme réussi – c'est d'ailleurs souvent ainsi qu'on apprend l'orgasme. La réponse nerveuse est programmée et le corps sait à quoi s'attendre. Pour guider votre partenaire quant à vos préférences, la meilleure solution est donc de lui montrer comment vous procédez vous-même, comment vous aimez être touché. J'ai bien conscience que beaucoup d'entre vous ne se sentent pas à l'aise avec la notion de masturbation. Sachez que je maintiens ce que j'ai toujours affirmé : on ne devrait jamais avoir à faire quelque chose qu'on ne veut pas. C'est mon corps, c'est moi qui choisis.

Néanmoins, si vous êtes curieux de savoir comment les techniques de masturbation peuvent conduire à une meilleure connaissance de soi, et donc à un orgasme plus fort et plus intense, alors n'attendez plus et servez-vous.

Le Dr Bernie Zilgerbeld souligne trois raisons majeures d'encourager la masturbation :

- Le fait de se masturber est un excellent moyen de découvrir ses préférences. Donc d'en faire profiter son/sa partenaire, afin d'améliorer sa vie sexuelle de couple.

- Même si vous privilégiez les bonheurs partagés, il se peut que votre partenaire ne soit pas toujours disponible. Pourquoi vous priver de jouir en ces moments-là ?

- L'onanisme permet de surmonter divers problèmes sexuels tels que l'impuissance ou l'éjaculation précoce. Je développerai le sujet au chapitre 7.

Le Dr Zilbergeld explique également que le seul mauvais usage qui peut être fait de la masturbation, c'est comme substitut régulier à la relation sexuelle avec sa partenaire. À l'évidence, cela nuirait à l'entente du couple et la femme se sentirait quantité négligeable.

Voici quelques astuces, messieurs, pour aviver vos sensations quand vous vous masturbez.

- Passez un foulard de soie sous vos testicules quand vous vous caressez. Cela vous procurera des joies nouvelles et pourra même augmenter votre sensibilité au toucher.

- Si cela lui convient à elle aussi, demandez à votre partenaire de participer : faites-lui tenir vos testicules ou votre pénis, ou se lover contre vous pendant que vous vous touchez.

- Utilisez un lubrifiant, qui vous permettra d'assurer un mouvement doux et harmonieux, pendant que vous vous ferez plaisir.

Tout comme les hommes, les femmes ne devraient pas avoir de réticences à explorer le champ de leur plaisir orgasmique. Les techniques décrites dans ce chapitre ont pour but de susciter votre intérêt et votre curiosité, non de vous inciter à faire des choses qui vous mettraient mal à l'aise. Nous connaissons tous nos petits « raccourcis » personnels pour l'orgasme ; aussi, tenter de nouvelles expériences peut élargir nos horizons. Quoi qu'il en soit, faites-vous plaisir !

7

CONDITION PHYSIQUE ET SEXUALITÉ

Prenez soin de votre corps

Ce chapitre traitera des diverses maladies et autres problèmes médicaux ayant un impact négatif sur la sexualité. Une femme peut souffrir d'étroitesse ou de sécheresse vaginale, de crampes, d'infections virales ou bactériennes. Ces affections risquent de provoquer des maux plus sérieux liés à une inflammation du bas-ventre ou une endométriose.

L'arthrite et ses conséquences (articulations doulou-reuses et grippées) handicapent un grand nombre de gens. Comme me l'a avoué une femme d'un certain âge : « Je pouvais prendre toutes les positions imagi-nables à 40 ans. Dix ans après, mon répertoire était devenu plus limité. J'ai encore perdu en souplesse vers la soixantaine. Aujourd'hui, à 73 ans, il y a certaines choses que je ne peux plus faire : je souffre trop des genoux et des hanches. Aussi dois-je me montrer inventive. »

Les messieurs, quant à eux, rencontreront des problèmes tels que l'éjaculation précoce, l'impuis-sance, ou encore une érection incomplète, qui empêche la pénétration. J'évoquerai également les maladies ayant des répercussions sur la sexualité.

Vous le savez peut-être, certains traitements contre l'hypertension, le diabète, la dépression et l'anxiété, ou encore les troubles cardiaques affectent à la fois le désir (c'est-à-dire la libido) et les fonctions physiologiques liées à la sexualité (vous trouverez à la fin de ce chapitre une liste de nombreux médicaments entraînant ce type de désagréments). La première chose à faire concernant les problèmes de médication est d'en prendre conscience ; la deuxième est de consulter votre médecin et de chercher avec lui un traitement de substitution dont les effets secondaires sur la sexualité seraient inexistants, ou moins gênants. Je propose en outre quelques suggestions, qui contribueront peut-être à contourner le problème, si je puis dire. Les tracas médicaux ne sont pas à prendre à la légère, mais la plupart sont solubles, si l'on prend le temps de les régler correctement. Soyez attentifs à votre vie sexuelle, en commençant par vous informer de ce qui pourrait l'affecter – maintenant ou dans l'avenir.

FAITS HISTORIQUES ET HYSTÉRIQUES

Je rejoins le Dr Gloria Brame, lorsqu'elle écrit : « Et si au fond tous ces "dysfonctionnements" n'étaient pas tant un manque d'intérêt pour le sexe qu'un manque d'intérêt pour le type de relations sexuelles que la société considère comme normales ? »

Dysfonctionnements sexuels : restons sereins

Le pouvoir médical, relayé par les médias, a tôt fait de caractériser comme anomalies sexuelles tout écart de la norme, et à en faire un symptôme. Aussi les personnes des deux sexes hésitent-elles à chercher de l'aide, à poser des questions, à envisager des solutions lorsqu'elles rencontrent un problème dans leur vie sexuelle.

La plupart du temps, il existe des remèdes à ces désagréments. Prenons un exemple. Aux alentours de la cinquantaine, le corps d'une femme subit un bouleversement hormonal. De tels changements surviennent également au moment de la puberté, de la grossesse, des diverses phases du cycle menstruel. Les femmes sont habituées à ces variations hormonales. Certaines d'entre elles souffrent parfois de sécheresse vaginale peu avant et pendant la ménopause. Cela ne signifie pas que leur désir sexuel a diminué. Il suffira d'utiliser un lubrifiant pour régler le problème. Cela dit, les quadragénaires avec qui j'ai travaillé m'ont affirmé le contraire : elles se sentent plus à l'aise avec leur sexualité, avec leur partenaire, et elles n'hésitent plus à rechercher une réelle satisfaction sexuelle.

SECRET D'ALCÔVE

La ménopause n'annonce ni une baisse de la libido, ni une moindre capacité à jouir chez la femme.

Les hommes ont généralement peu d'informations sur la ménopause. Une nouvelle génération de quinquagénaires parlent aujourd'hui de leur sexualité, refusant tout déterminisme physiologique.

On peut faire un parallèle avec l'évolution masculine. Les jeunes hommes sont réputés pour leur capacité à faire l'amour plus d'une fois par jour ; avant la trentaine, on dirait qu'ils ont un trop-plein de testostérone, qui suscite chez eux une sorte d'instinct frénétique, celui de se débarrasser de leur sperme. Après trente ans cependant, cette tendance se calme naturellement et lorsqu'ils arrivent à la cinquantaine ou à la soixantaine, ils atteignent une sorte d'équilibre entre leurs instincts et leur désir. C'est là un processus naturel et universel – certainement pas un dysfonctionnement.

Vous trouverez ci-après une liste des modifications normales intervenant dans la sexualité masculine avec l'âge. Ces informations sont extraites du livre de Milsten et Slowinski, *The Sexual Male*.

1. L'érection n'apparaît plus aussi vite.
2. La durée de l'éjaculation passe de 6 à 3 secondes.
3. Le volume du sperme éjaculé diminue de moitié.
4. Le sperme est expulsé avec une force deux fois moindre.
5. L'éjaculation est plus longue à venir.
6. Après l'éjaculation, le pénis redevient flasque plus rapidement.
7. La période qui sépare deux éjaculations est plus longue.

8. Le poids des testicules est plus faible.

9. La sensibilité tactile du pénis est moins grande.

10. L'orgasme peut être moins intense.

11. L'angle d'érection devient plus faible.

Aussi ne peut-on imputer ces changements (tout à fait naturels) à l'impuissance. Comme vous le voyez, la virilité est étroitement liée à l'état de santé de l'homme.

Mieux une personne accepte son corps tel qu'il est, son âge, et les fluctuations de sa libido, plus sa sexualité sera épanouie. Cela dit, cette notion est relative. Il n'existe pas de barème de la jouissance. Le seul critère reste votre propre satisfaction.

SECRET D'ALCÔVE

La difficulté à entrer en érection n'est pas due au vieillissement, mais à diverses maladies. Le risque de tomber malade augmentant dans la seconde partie de la vie, l'impuissance s'avère alors plus fréquente. Plus les hommes vieillissent, plus ils risquent d'avoir des problèmes sexuels.

Souffrez-vous d'une baisse de désir ?

L'expression « panne du désir » me pose un problème, car on la retrouve de façon omniprésente dans les médias – prenez n'importe quel magazine féminin, et il semblerait que tous les Américains, notamment les femmes, souffrent de « panne du désir ». Dans un numéro récent de *O* (le magazine d'Oprah Winfrey), un article rapportait que plus de 25 millions de femmes avaient déjà connu une baisse du désir. Mais si on venait vous demander si votre désir était plutôt haut ou bas à cet instant précis, que répondriez-vous ? Je dirais que la plupart d'entre nous connaissent des moments de désir intense, et d'autres où le désir est moins fort. Au tout début d'une relation, ne se laisse-t-on pas emporter par une vague de désir ? Ne se sent-on pas plus passionné ? Et au bout de plusieurs années, ne diriez-vous pas qu'il est naturel que cette pulsion diminue quelque peu ? Il ne faut pas oublier le stress lié au travail, les problèmes de famille ou les soucis personnels. Ne croyez-vous pas que les contraintes de la vie quotidienne ont un impact sur notre épanouissement et notre désir sexuels ?

Selon moi, l'industrie pharmaceutique étant toujours en quête d'une « poule aux œufs d'or », elle pourrait bien l'avoir trouvé si elle « découvrait » un « traitement miracle » contre les « déficiences sexuelles ». Le monde médical, sous l'impulsion de l'industrie pharmaceutique, est en train de définir la baisse du désir comme une maladie, et une maladie qui ne peut se traiter que par la prise de médicaments. Je ne dénigre pas les mérites du Viagra, mais je m'interroge sur les motivations sous-jacentes des grandes firmes, lorsqu'elles parlent de « baisse du désir ». La baisse du désir est un phénomène connu un jour ou l'autre par la majorité des hommes et des femmes, et dans lequel interviennent divers facteurs. Je suis convaincue que plus on en sait sur son propre corps, et plus on relie ce que vit le corps au reste de sa vie, plus on est à même de découvrir les raisons qui nous coupent de notre libido. Après tout, pourquoi aurions-nous besoin de médicaments pour reprendre contact avec la partie la plus naturelle de notre être, notre sexualité ?

Et bien que je ne nie pas l'existence des pannes de désir, je regrette que les médecins, les thérapeutes et les médias en général passent leur temps à inquiéter les gens à ce sujet. La baisse du désir n'est pas une fatalité, il s'agit souvent d'un état passager et subjectif, souvent dû à de multiples tensions telles que fatigue, préoccupations familiales, professionnelles, ou conflits personnels. Pour ma part, je préfère aborder la baisse du désir plutôt comme une expérience que comme un problème, une expérience qui doit être reconnue, mais aussi comprise, si l'on veut y remédier.

Cela étant dit, il existe des cas où la panne de désir est directement liée à des troubles physiologiques, comme lors d'importants déséquilibres hormonaux ou de maladies graves. Le stress est l'un des principaux facteurs de désordre sexuel – lorsque l'on est dans un état de tension physique ou émotionnelle, la sexualité est en général reléguée au second plan.

Passons donc en revue les différents problèmes physiologiques susceptibles d'affecter l'équilibre sexuel de l'homme et de la femme.

Les femmes : de la préorgasmie au nirvana

Je récapitule ci-après les divers états ou maladies ayant une influence néfaste sur la sexualité des femmes. Ma liste ne prétend pas être exhaustive. Toutefois, si l'une de ces situations vous concerne, je vous recommande de consulter votre médecin le plus tôt possible.

La préorgasmie, aussi appelée à tort anorgasmie

À mon sens, les médias et l'opinion publique ont grossi les chiffres concernant le nombre de femmes qui connaissent ou ne connaissent pas l'orgasme. Une étude récente menée à Chicago et publiée dans le *JAMA* (*Journal de l'Association Médicale Américaine*) rapportait que 22 à 28 % des femmes étaient dans l'incapacité d'atteindre l'orgasme lors de l'acte sexuel (et cela, quelle que soit la tranche d'âge concernée). Si cela vous concerne et vous intéresse, je veux que vous sachiez que connaître l'orgasme est non seulement possible, mais tout à fait faisable. Cela n'est peut-être pas vrai dans toutes les situations, mais il suffit de trouver celles qui fonctionnent pour vous. Comme je le disais dans le chapitre 1, selon Kate White, rédactrice en chef du *Cosmopolitan* américain, la question qui revient le plus parmi ses lectrices est : « Comment atteindre l'orgasme pendant l'amour ? » Dans notre société dominée par l'homme, la nécessité pour la femme de connaître l'orgasme et pour l'homme de le provoquer a causé un grand tort aux deux sexes. C'est loin d'être la façon la plus habile et la plus efficace d'amener les femmes à la jouissance. Cela marche peut-être dans les films porno (dont la prétendue intrigue n'a pour but que d'exciter les fantasmes masturbatoires chez l'homme), mais cela ne donne en aucun cas aux hommes et aux femmes une image réaliste de l'orgasme et de la manière de l'atteindre.

Croyez-moi. J'ai discuté avec un nombre incalculable de femmes qui pensaient ne jamais pouvoir jouir, et qui connaissent régulièrement et facilement l'orgasme. D'autres ont appris à connaître leur corps et ce qu'il aime, ce qui implique de respecter son rythme. Avoir un orgasme peut devenir très simple : il suffit d'apprivoiser son corps, de se détendre, de découvrir ce qui vous excite, et comment. Si vous souffrez de problèmes personnels ou émotionnels qui semblent interférer avec le plaisir sexuel, alors il serait bon d'y travailler en parallèle. N'étant ni thérapeute ni psychologue, je vous recommanderais l'aide d'un professionnel.

En séance privée, bon nombre de femmes m'ont avoué qu'elles n'étaient pas sûres d'avoir déjà joui. Je les crois. Si vous ne savez pas ce que vous recherchez, comment savoir si vous l'avez trouvé ? Une femme m'a raconté avoir essayé de jouir avec un vibromasseur, sans succès. Il s'est révélé qu'elle l'utilisait de façon trop intense sur son clitoris, qui finissait par devenir insensible. Je lui ai demandé si elle retenait sa respiration pendant qu'elle se masturbait et elle m'a répondu que oui, que cela l'aidait à se concentrer. Dès lors, la solution était limpide : elle a concentré l'action du vibromasseur sur les grandes lèvres, en un court mouvement de va-et-vient au bord du clitoris, le tout accompagné d'inspirations profondes et lentes. Elle en a plus tard conclu : « Oh ! mon Dieu. Tout est dans la respiration. Pourquoi personne ne me l'avait jamais dit ? Et ce mouvement par le côté – je peux y revenir autant que je veux, je ne perds jamais les sensations ! » Inutile de dire qu'elle était à la fois soulagée et ravie de découvrir qu'elle pouvait connaître l'orgasme.

Beaucoup de thérapeutes conseillent aux femmes d'apprendre à se masturber pour identifier ce qu'elles aiment, et c'est l'objectif des techniques que je détaille dans le chapitre 5. Cependant, si cela vous met mal à l'aise ou que vous n'avez jamais essayé auparavant, le point de départ consiste à vous mettre en confiance avec votre propre corps. Ce manque de familiarité est souvent l'obstacle majeur. Apprendre à se connaître passe par des choses aussi simples que prendre le temps de se regarder, nue devant sa glace, ou de se toucher et d'observer les réactions des différentes parties du corps. Nous autres humains, nous sommes un peu fous, dans ce domaine. Pourquoi une femme accepte-t-elle que son partenaire la touche « là », mais pas elle-même, comme si son corps ne lui appartenait pas ?

Les techniques ci-dessous ont été éprouvées par des personnes soucieuses d'accroître leur conscience de soi et d'apprendre de nouvelles façons de se faire plaisir. Toutes les femmes n'ont pas recours à toutes ces techniques. Comme les goûts et les couleurs, c'est là un choix purement individuel.

- Commencez par identifier les sensations qui vous font de l'effet – le doux, le ferme, le lent, le rapide, le chaud, le froid…
- Puis, au bout de quelques jours ou de quelques semaines, passez à une stimulation génitale plus directe, au moyen de votre main, de vos doigts, du jet de la douche ou du jacuzzi, ou encore d'un godemiché ou d'un vibromasseur. Dites-vous que vous êtes en train de vous séduire vous-même, car c'est exactement ce que vous faites.

Le vaginisme

Une contraction de l'entrée du vagin (le premier tiers du canal vaginal) peut rendre l'acte sexuel douloureux, voire impossible. Une douleur pelvienne intense inhibe la réceptivité sexuelle, du fait d'une inflammation de l'utérus ou des ovaires, de positions inconfortables, ou encore d'un manque d'excitation avant l'acte. Le vaginisme est une contraction involontaire des muscles constricteurs du vagin et résulte en général d'une tentative du corps d'empêcher une action (c'est donc une sorte de signal d'alarme). Des paramètres psychologiques entrent également en compte, surtout si l'on retrouve un traumatisme lors d'un examen gynécologique, une image négative de son corps, ou bien la peur d'être pénétrée. Le vaginisme est parfois une conséquence de la vulvodynie (voir page suivante).

La sécheresse vaginale

La sécheresse vaginale excessive découle de différents facteurs tels qu'un accouchement récent, l'allaitement, la prise d'antihistaminiques ou d'autres médicaments, et, de façon générale, de la déshydratation. Un bouleversement hormonal au moment de la ménopause peut également provoquer une sécheresse vaginale, de même qu'une fragilité de la muqueuse vaginale, qui devient plus fine. La solution consiste à utiliser un lubrifiant à base d'eau.

L'endométriose

Cette affection résulte d'une adhérence de l'endomètre (le tissu qui tapisse l'utérus et qui est expulsé chaque mois, au moment des règles) sur d'autres organes internes tels que les trompes de Fallope ou les ovaires. L'endométriose peut provoquer des douleurs très vives au moment de l'ovulation, lors d'une augmentation des taux hormonaux, ou encore être asymptomatique.

La vulvodynie, ou vestibulite vulvaire

Il s'agit d'une inflammation de la vulve qui provoque des brûlures au moment et/ou en dehors des rapports sexuels. Les femmes souffrant d'une vulvodynie se plaignent tout d'abord de vaginisme ou d'une douleur localisée près de l'entrée du vagin, qu'elles qualifient de « point brûlant » et qui peut causer une douleur très vive au toucher, rappelant une coupure avec le tranchant d'une feuille de papier. Il arrive que ces femmes éprouvent une sensation de brûlure en d'autres points du vagin. Les causes de cette maladie laissent les gynécologues perplexes depuis de nombreuses années.

Les infections urinaires

Ces infections sont très fréquentes chez les femmes de tout âge et peuvent être occasionnées par de nombreux facteurs, dont les rapports sexuels, certains savons spécifiques de la toilette intime, et les gels douches. Ces infections se soignent avec des antibiotiques ou des remèdes homéopathiques. Elles provoquent des brûlures lorsqu'on urine et rendent les rapports sexuels douloureux.

Les infections vaginales

Chez la femme, l'infection vaginale n'a pas nécessairement d'effet sur le fonctionnement sexuel, mais elle crée chez elle un malaise à l'égard de son sexe et inhibe le désir. Ces affections se caractérisent par des pertes plus importantes qu'en temps ordinaire, épaisses, collantes, et parfois accompagnées d'une odeur désagréable, de démangeaisons et/ou d'une sensation de brûlure. Ces infections se soignent facilement, sans antibiotiques, et sans effets secondaires. Votre médecin peut aussi vous prescrire un traitement plus fort et plus dosé, mais assurez-vous qu'il s'agit bien d'une infection vaginale, et non d'autre chose, comme d'une vaginose bactérienne.

Les infections de la vessie

Les infections de la vessie s'accompagnent souvent d'un besoin fréquent d'uriner et/ou d'une sensation brûlante en urinant. Elles se soignent le plus souvent en buvant de grosses quantités de jus d'airelles. L'acidité de cette baie empêche, semble-t-il, les bactéries d'adhérer à la paroi de la vessie. Dans l'hypothèse où les symptômes persisteraient, mieux vaut consulter son médecin.

Les vaginoses bactériennes

Cette affection s'accompagne d'une odeur douteuse dans les sécrétions vaginales. Nombre de femmes détectent cette affection uniquement à l'odeur, souvent dans les suites d'un rapport sexuel non protégé. En effet, l'odeur apparaît lorsque les sécrétions vaginales entrent en contact avec le sperme. Cette affection se traite avec des remèdes antibactériens. Non soignée, la vaginose peut provoquer des anomalies dans les frottis vaginaux et constitue un facteur d'inflammation pelvienne. Une femme enceinte atteinte de vaginite risque de mettre au monde un enfant prématuré ou d'un poids inférieur à la moyenne. Et puis, il faut bien dire que l'odeur des sécrétions est en soi rebutante.

SECRET D'ALCÔVE

Le Dr Jules Black, gynécologue obstétricien, rapporte que la cause la plus répandue des infections urinaires, des infections de la vessie et des vaginoses est une hygiène déficiente ; elle consiste à s'essuyer d'arrière en avant après avoir déféqué ou uriné, ce qui amène dans le vagin et l'urètre des micro-organismes néfastes. Les femmes doivent veiller à s'essuyer d'avant en arrière.

Les soucis masculins

Un homme qui ressent une douleur aux organes génitaux aura moins de scrupules qu'une femme a avouer qu'il a eu un rapport sexuel non protégé et qu'il a peut-être « attrapé quelque chose ». Divers symptômes incitent un homme à consulter, tels qu'une sensation de brûlure pendant l'éjaculation, une douleur dans les testicules ou autour de l'anus au moment de l'éjaculation ou immédiatement après.

Voici une liste des diverses maladies actives de façon négative sur la sexualité des hommes :

- la maladie d'Addison (insuffisance surrénale),
- l'alcoolisme,
- l'anémie (lorsqu'elle est sérieuse),
- l'anorexie mentale,
- l'hépatite chronique active,
- l'insuffisance rénale,
- la cirrhose du foie,
- l'insuffisance cardiaque,
- le syndrome de Cushing,
- la dépression,
- l'accoutumance à une drogue,
- des causes iatrogènes impliquant les œstrogènes, les antihypertenseurs, les anxiolytiques, les antiandrogènes,
- une sécrétion excessive de prolactine (due à un traitement médical ou à une tumeur),
- les tumeurs féminisantes,

- l'hémochromatose,
- l'hypothyroïdie,
- le syndrome de Kallmann,
- le syndrome de Klinefelter,
- l'hypogonadisme,
- la sclérose en plaques,
- les myopathies,
- les carences alimentaires,
- la maladie de Parkinson,
- l'insuffisance hypophysaire,
- les tumeurs de l'hypophyse (adénomes),
- la tuberculose.

Si votre partenaire ou vous-même souffrez de l'une ou de plusieurs de ces affections, sachez qu'elles peuvent avoir un impact négatif sur votre sexualité. Il convient que vous consultiez un médecin et que vous suiviez un traitement.

Les maladies décrites ci-dessous concernent directement les organes génitaux, et affectent le fonctionnement sexuel assez rapidement.

Prostatite

Il s'agit d'une inflammation de la prostate occasionnée par une infection bactérienne. La prostatite s'accompagne souvent de fièvre, de douleurs dans les reins, d'une impression de fatigue ainsi que d'une sensation de brûlure dans le pénis et dans l'urètre. Cette infection se soigne avec des doses massives d'antibiotiques.

Prostatite chronique

Ce mal finit par atteindre les vésicules séminales. Lorsque ces deux glandes restent enflées sur une longue période, elles compriment les nerfs environnants. Cela provoque une sensation de gêne en urinant et lors de la phase d'excitation sexuelle. Cette affection se dissémine comme le font les angines. On en ignore les causes. Un adolescent n'ayant jamais eu de rapports sexuels peut souffrir de prostatite chronique tout comme un homme sexuellement actif.

Impuissance ou dysfonction érectile

L'érection reste le symbole de la virilité. Aussi l'incapacité à entrer – ou à rester – en érection s'avère-t-elle pénible pour la plupart des hommes. L'impuissance apparaît à n'importe quel âge, mais le plus souvent vers 55 ans. Voici quelques chiffres.

- À 55 ans, 8 % des hommes en bonne condition physique souffrent d'impuissance.
- À 65 ans, ils sont 25 %.
- À 75 ans, l'impuissance gagne 55 % des hommes.
- Enfin, à 80 ans, ils ne sont pas moins de 75 % à vivre cette frustration.

Selon le professeur Irwin Goldstein, il existe trois causes physiologiques majeures à la dysfonction érectile :

1. Une mauvaise transmission de l'influx nerveux pendant la phase de stimulation sexuelle.

2. Une pression artérielle trop faible : le volume du sang qui emplit les corps caverneux n'est pas suffisant pour provoquer une érection.

3. Le mécanisme de stockage du sang dans le pénis est imparfait : le pénis ne se tend pas au maximum, comme il le devrait.

Le stress, de même que le surmenage, risquent d'entraîner une impuissance passagère. Jusque dans les années 1980, on a attribué des causes psychologiques à l'impuissance, de même qu'à la frigidité féminine. On connaît aujourd'hui des raisons physiologiques à ces handicaps. Chez l'homme, notamment, l'hypotension artérielle génère une impuissance.

Cela dit, nombre de maladies peuvent provoquer l'impuissance. Pour que l'érection ait lieu, il convient que le système nerveux envoie des messages électriques agissant sur le pénis, qui alors se gorge de sang (et se dresse). Or, beaucoup de maladies affectent ces circuits électriques de façon temporaire ou définitive. Les diabétiques rencontrent ce problème dans environ 60 % des cas. Cela est dû à la détérioration des nerfs qu'entraîne cette maladie, mais aussi à des dérèglements métaboliques.

Un disque vertébral déplacé, une opération touchant un organe du petit bassin, une sclérose en plaques peuvent causer des problèmes d'érection. De même qu'un bouleversement hormonal, nous le verrons plus loin.

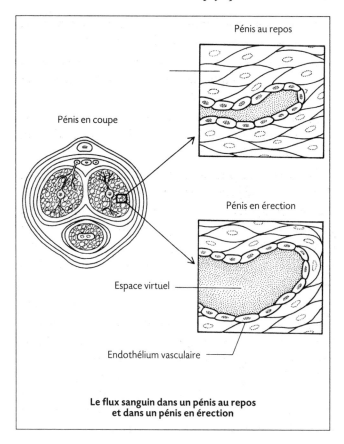

Pénis au repos

Pénis en coupe

Pénis en érection

Espace virtuel

Endothélium vasculaire

**Le flux sanguin dans un pénis au repos
et dans un pénis en érection**

Selon le docteur Mantak Chia, thérapeute de médecine énergétique chinoise, l'impuissance n'a pas seulement des causes physiologiques et psychologiques : elle est également due à un manque d'énergie sexuelle. L'approche taoïste de la sexualité accorde une grande importance aux courants énergétiques.

Messieurs, l'abus de tabac affecte de façon négative la virilité d'un homme. En effet, la nicotine ne détruit pas seulement les artères mais aussi les petits vaisseaux sanguins, or ceux qui irriguent le pénis sont minuscules. D'après les Dr Milsten et Slowinski, ces dommages pourraient bien s'avérer irréparables. Aussi semble-t-il prudent de s'en préserver en ne fumant pas ou en arrêtant de fumer.

L'alcool n'a pas meilleur effet. Le professeur Irwin Golstein affirme que tout abus de ce genre entraîne une diminution de la production de testostérone et, à terme, une impuissance. L'alcool détruit le foie, lequel a pour fonction d'élaborer des hormones. Or un déficit hormonal risque lui aussi de provoquer l'impuissance. Enfin, l'alcool démolit le système nerveux, essentiel à un bon fonctionnement sexuel…

L'usage prolongé de cocaïne et de marijuana agit également sur l'érection. J'espère, chers lecteurs, que ces avertissements vous garderont de tout excès (d'alcool, de drogue ou de tabac)… si toutefois vous tenez à conserver votre virilité.

Vous trouverez aux chapitres 8 et 9 diverses méthodes permettant de prolonger la durée d'une érection, de mieux maîtriser l'éjaculation, d'intensifier l'orgasme. J'y expose également des techniques taoïstes et tantriques qui visent aux mêmes fins, ainsi qu'à conserver une bonne santé.

L'éjaculation rapide

L'Association américaine de psychiatrie en donne la définition suivante : « Le sujet éjacule suite à une très faible stimulation sexuelle, au moment de la pénétration ou peu après, mais toujours plus tôt qu'il ne le souhaite. » On a longtemps affirmé que l'éjaculation précoce avait des causes exclusivement psychologiques. Or un nouveau courant de pensée avance qu'il s'agit simplement d'une différence, parmi d'autres, entre les hommes. L'une de mes clientes m'a confié : « C'était un type formidable, mais il jouissait dès qu'il me pénétrait, et cela me frustrait. Il est aujourd'hui marié à une femme adorable, qui se satisfait parfaitement d'une telle précipitation. »

Nombre d'hommes associent l'érection au pouvoir, à la force virile, à la maîtrise de soi. Aussi vivent-ils très mal le fait d'être éjaculateurs précoces. Lorsqu'ils vieillissent, les hommes s'attendent à connaître diverses défaillances physiques, aussi prennent-ils la chose moins à cœur.

SECRET D'ALCÔVE

Selon les Dr Milsten et Slowinski, « Un homme fatigué, pressé, contrarié, ou préoccupé peut avoir de la difficulté à entrer en érection. Une impuissance ponctuelle peut également être due au fait qu'un homme s'ennuie, qu'il éprouve un sentiment de culpabilité, qu'il n'a pas suffisamment d'intérêt pour sa partenaire, qu'il ne connaît pas une intimité suffisante avec elle, qu'il a trop bu, ou trop mangé. »

SECRET D'ALCÔVE

L'éjaculation précoce atteint différents degrés. Certains hommes éjaculent à la vue d'une femme – nue, ou habillée. Chez la plupart des hommes, la maîtrise de l'éjaculation augmente avec l'expérience.

On peut remédier à l'éjaculation précoce de trois façons : grâce à un travail psychanalytique ; par divers exercices que l'on pratique seul ou accompagné – la méthode de Kegel, développée au chapitre 8, est une approche possible ; grâce à certains médicaments tels que le Prozac, utilisé pour soigner la dépression, ou l'Anafranil, un antidépresseur (ces drogues retardent l'éjaculation).

Notre soupe hormonale et ses ingrédients sexuels

Les hormones sont des substances chimiques qui font de nous des êtres doués d'une sexualité. Les hormones influent sur notre libido, nos comportements, nos humeurs. Ainsi, lorsque le taux de l'une de ces substances s'avère trop bas ou trop élevé en est-on toujours affecté, souvent de façon négative, et particulièrement dans sa sexualité. Les principales hormones ayant un impact sur la sexualité des deux sexes sont les œstrogènes, la testostérone et la progestérone. Je parlerai plus bas des effets de ces molécules – et de leur déséquilibre – sur le fonctionnement sexuel des humains. La plupart de ces informations sont extraites du livre de Lana Holstein *Comment avoir une sexualité florissante*, qui traite de l'effet des hormones sur notre vie sexuelle.

Les œstrogènes, clé de la vitalité féminine

Les œstrogènes sont essentiels à la sexualité des femmes. Il existe trois œstrogènes principaux : l'estrone, l'estriol et l'estradiol. Cette dernière hormone est la plus puissante des trois. Le follicule ovarien est la source principale d'estradiol chez la femme. L'atrophie de ces follicules au moment de la ménopause, ou leur ablation, ont des conséquences négatives sur la libido et la sexualité des femmes. On pallie ces inconvénients en utilisant un lubrifiant, une crème vaginale, un patch, ou encore un anneau de silicone. Cette bague, qui ressemble à un diaphragme, secrète quotidiennement une dose d'œstrogènes dans le vagin. Il est possible de la garder pendant les rapports sexuels.

Cela dit, un certain nombre de femmes ne suivent aucun traitement hormonal et s'en portent très bien.

Le pouvoir de la testostérone

On a qualifié la testostérone d'hormone du désir. Cette substance agit favorablement sur notre libido, notre énergie vitale, notre bien-être.

La testostérone et les hommes

Un homme qui possède un taux normal de testostérone se sentira vivant, vigoureux, sexuellement performant, fréquemment excité. Le taux de testostérone, hormone produite par les testicules, diminue avec l'âge, en quantité plus ou moins importante selon les individus. Un homme qui manque de testostérone souffrira de libido défaillante et de difficulté à entrer en érection. On remédie à cette déficience au moyen d'un patch, ou d'une crème – il n'existe pas de traitement allopathique pour la pallier.

L'administration régulière de testostérone présente toutefois des risques. Cette hormone, en surdose, peut provoquer une hypertrophie de la prostate, augmenter le taux de mauvais cholestérol et causer des troubles hépatiques. Aussi convient-il d'effectuer un certain nombre d'analyses avant de suivre un traitement.

La testostérone et les femmes

Les femmes, tout comme les hommes, ont besoin d'une certaine quantité de testostérone. Les ovaires en produisent entre un tiers et la moitié, les glandes surrénales fabriquent le reste. Le taux de testostérone varie d'une femme à l'autre, et baisse au moment de la ménopause. Une déficience importante en testostérone agit de façon défavorable sur la libido. Les femmes concernées ressentent un moindre plaisir durant les rapports sexuels, se plaignent d'engourdissement et d'atrophie du clitoris.

Cette modification hormonale peut survenir avant la ménopause. On détecte aisément une déficience en testostérone au moyen d'une analyse de la salive ou du sang.

De même, l'ablation des ovaires entraîne fréquemment une baisse de la libido, due à un manque d'œstrogènes et de testostérone. Cela dit, nombre de femmes continuent à présenter des taux élevés de testostérone après cette opération : les sources surrénaliennes pallient dans ce cas l'absence de sécrétion ovarienne. De même, toutes les femmes ménopausées n'ont pas besoin de cette hormone. Un manque de testostérone peut entraîner des effets secondaires tels que de l'acné, de l'irritabilité, une pilosité exagérée, ou encore des variations du taux de cholestérol. Des doses substitutives adaptées à chaque cas préservent le bien-être, la libido et l'intégralité de la masse musculaire.

Un patch destiné à pallier une déficience en testostérone chez la femme est actuellement à l'essai.

La progestérone : un équilibre important

La progestérone est produite dans l'ovaire par le follicule, qui demeure dans l'utérus après qu'un ovule est arrivé à maturité chaque mois. De même, cette hormone prépare la muqueuse interne de l'utérus, l'endomètre, à la nidation de l'ovule éventuellement fécondé. Lorsque le taux de progestérone s'avère trop bas, aucun œuf fécondé ne pourra s'implanter dans la matrice après son voyage dans l'ovaire et les trompes de Fallope. La déficience en progestérone est une des causes de la stérilité.

D'un autre côté, quand il n'y a pas fécondation, la production de cette hormone est vite stoppée. Lorsque le taux de progestérone chute, la muqueuse utérine se détache et sera évacuée lors de la menstruation. Le syndrome prémenstruel est dû à un déséquilibre entre les taux d'œstrogène et de progestérone.

Il convient que ces deux hormones présentent un rapport équilibré. En période de préménopause, une femme qui a toujours des règles mais dont le corps fabrique moins d'œstrogènes qu'auparavant peut utiliser un patch durant la semaine qui précède ses règles afin de contrebalancer la production de progestérone lorsque celle-ci est à son maximum. La femme ménopausée qui suit un traitement de substitution augmentera sa dose d'œstrogènes de moitié pendant les jours où elle prend de la progestérone.

Encore une fois, une femme peut choisir de suivre ou non un traitement d'hormones de substitution. Les progrès étant constants dans ce domaine, tenez-vous informée des dernières découvertes.

Les maladies sexuellement transmissibles (MST)

Ces maladies ont un impact évident sur notre sexualité, bien qu'elles n'affectent pas notre capacité à connaître l'orgasme. Toute personne ayant des rapports sexuels non protégés risque de contracter une MST.

On ne peut se prononcer quant au nombre total de personnes infectées : une part d'entre elles ignorent leur état. Nombre de femmes apprennent qu'elles sont atteintes d'une maladie sexuellement transmissible quand les dommages s'avèrent irréparables. Les chlamydiae par exemple entraînent à long terme la stérilité.

Les maladies vénériennes se transmettent à l'occasion de la pénétration – vaginale, orale ou anale. Dans certains cas, la contagion s'opère par simple contact entre le pénis et le vagin, la bouche ou l'anus. Dans l'hypothèse où votre médecin confirmerait vos doutes, suivez scrupuleusement son ordonnance et informez votre (ou vos) partenaire(s) sur-le-champ. Une démarche délicate, j'en conviens. Toutefois, si vous laissez votre partenaire dans l'ignorance de son état, il (ou elle) risque de vous réinfecter après que vous vous serez fait soigner, de transmettre la maladie à une tierce personne ou encore de subir des dommages irréparables.

Il n'est pas souhaitable de pratiquer un autodiagnostic en ces circonstances. En effet, certains symptômes sont communs aux MST et à d'autres affections. Par ailleurs, nombre de maladies sexuellement transmissibles restent dormantes pendant des années. Si vous pensez être atteint d'une maladie vénérienne, voyez votre médecin.

Le fait de conserver une bonne santé sexuelle me paraît essentiel.

8

ADJUVANTS SEXUELS ET AUTRES STIMULANTS

Une approche moins traditionnelle de l'orgasme et des jeux érotiques

Je vous encourage, chers lecteurs, à vous montrer imaginatifs en matière de sexualité, audacieux, désinhibés. Je parlerai ci-après des divers adjuvants capables de pimenter votre vie sexuelle : méthodes, produits, objets.

FAITS HISTORIQUES ET HYSTÉRIQUES

Dans les îles Marquises, les femmes avaient jadis la maîtrise du rapport sexuel. Lors des fêtes, qui se terminaient souvent en orgies, les hommes suçaient les seins et le sexe de leur partenaire. Lorsque celle-ci se sentait prête, elle priait l'homme de poursuivre.

Les massages

Beaucoup d'entre nous se souviennent avec émoi de leurs premiers flirts poussés. L'attrait de ces jeux résidait dans le fait qu'on employait des moyens nombreux et détournés avant d'arriver à destination.

Je le répète : le corps humain possède maintes zones érogènes, qui toutes méritent notre attention. Parlons d'abord des caresses.

La caresse ondulante

L'idée, ici, est de varier l'itinéraire afin de créer la surprise. En effet, lorsqu'une caresse s'effectue en ligne droite, on s'attend à ressentir telle et telle sensation, à tels et tels endroits. En revanche, lorsque la main baguenaude, les nerfs restent en éveil, sans jamais savoir quel trajet elle va emprunter.

SECRET D'ALCÔVE

Le toucher a des pouvoirs magiques. En effet, un massage libère une grosse quantité d'ocytocine dans le cerveau. Cette hormone a des vertus relaxantes. Elle diminue la pression artérielle, favorise la croissance et le stockage des nutriments.

Le massage sensuel

Ce massage est une forme de prélude sexuel. On évitera de toucher les parties génitales – et les seins, lorsqu'on masse une femme. On commencera indifféremment par la tête ou les pieds (orteils compris). Voici quelques petits trucs pour aviver les sensations.

- La continuité fait tout. Ne papillonnez pas ! Effectuez un trajet sinueux en gardant le contact avec la peau.

- La symétrie équilibre les sensations : quand on stimule un côté du corps, il convient de s'occuper de l'autre.

- Toujours masser dans le sens du cœur : de la main vers l'épaule, du pied vers le ventre – et non du cœur vers les extrémités.

- Commencer par des caresses larges, puis réduire l'amplitude du mouvement.

- Utiliser une huile de massage afin d'effectuer une caresse fluide.

- Avant de caresser son (sa) partenaire, se frotter les mains l'une contre l'autre pour les réchauffer, ou bien les passer sous l'eau chaude.

- On voyagera sur le corps entier, sans laisser aucun endroit dans l'ombre.

L'aromathérapie

Les huiles essentielles ont des vertus curatives, stimulantes, apaisantes, aphrodisiaques. Elles se respirent, se consomment, s'appliquent en divers points stratégiques du corps (plexus solaire, nuque, abdomen, membres, dos) dans un but thérapeutique. On les mélange à des huiles vierges pour pratiquer des massages, calmants ou sensuels, en fonction du produit utilisé. Pures, ces huiles essentielles provoquent des brûlures. Attention, un bain à l'huile essentielle de menthe risque de vous transformer en glaçon ! Il convient de se procurer un ouvrage sérieux sur la question avant d'utiliser ces huiles essentielles, très puissantes, donc éventuellement dangereuses.

Diffusées dans l'air, les huiles essentielles s'adressent directement au cerveau par le biais des nerfs olfactifs, contrairement à toute substance que l'on boit ou que l'on mange, qui doit d'abord pénétrer dans le sang avant d'agir sur le métabolisme.

SECRET D'ALCÔVE

Les femmes possèdent un taux d'œstrogènes plus élevé que les hommes. En conséquence, elles ont l'odorat plus fin. Ainsi peuvent-elles détecter l'odeur du musc – une senteur rappelant les phéromones masculines – à très faible dose. Quand le niveau d'œstrogènes atteint son maximum, au moment de l'ovulation, l'odorat d'une femme est plus développé et détecte l'odeur du musc cent fois mieux.

Les aphrodisiaques

Certains produits ont un réel effet aphrodisiaque, comme l'ylang-ylang, d'autres n'ont que des vertus mythiques. N'importe quelle substance peut être considérée comme aphrodisiaque dans la mesure où elle agit sur l'un des cinq sens et provoque une excitation sexuelle.

Les aphrodisiaques se boivent, se mangent, se respirent. Ils se présentent également sous forme de drogues, de charmes, de rituels. Les cultures anciennes étaient très versées dans la chose. Le *Kama Sutra* offre une liste impressionnante de potions sexuellement stimulantes.

On peut avancer l'hypothèse, souvent vérifiée, selon laquelle un produit devient aphrodisiaque si on lui accorde une telle vertu.

Un aphrodisiaque moderne, l'Ecstasy, provoque un sentiment d'euphorie, qui libère une grosse quantité de sérotonine dans le cerveau. Cependant, l'Ecstasy inhibe l'orgasme et présente un certain nombre d'effets secondaires déplaisants.

Les lubrifiants

Voici quelques recommandations concernant ces produits très agréables, que d'aucuns utilisent abondamment.

N'employer que des lubrifiants à base d'eau conjointement aux préservatifs : ils sont plus sains, retrouvent leur fluidité dès que l'on y ajoute quelques gouttes d'eau. De plus, ils n'attaquent pas le latex, comme les lubrifiants à base d'huile.

Toujours lire attentivement l'étiquette figurant sur le produit. Si le mot « huile » apparaît parmi les ingrédients, il y a toutes les chances pour que le contenu ne soit pas à base d'eau.

- Éviter les lubrifiants à base de silicone : ils ne sont pas à base d'eau. De plus, ils contiennent du diméthicone, un produit anesthésiant.
- N'utiliser aucun autre produit en guise de lubrifiant.
- Bannir les lubrifiants irritants pour les yeux – cet avertissement figure sur l'étiquette.
- Rester prudent avec tous les produits colorés, qui risquent de provoquer des infections urinaires.

Les accessoires érotiques

Je parlerai des objets favoris des personnes des deux sexes ayant participé à mes séminaires. J'expliquerai comment choisir et utiliser un godemiché ou un vibro-masseur afin d'obtenir les meilleurs résultats. Mes deux premiers ouvrages offrent un panorama plus complet sur le sujet.

FAITS HYSTÉRIQUES

Selon le professeur Milsten, les pompes à air utilisées pour augmenter la taille et le diamètre du pénis « aident les hommes impuissants à entrer en érection, mais n'ont pas d'effets notables sur les dimensions de leur organe sexuel ».

Je vous encourage vivement à utiliser des jouets érotiques, en respectant toutefois les six règles d'or suivantes :

1. Veiller à ce que les jouets restent propres : les laver à l'eau chaude et au savon antibactérien après chaque usage.

2. N'employer que des lubrifiants à base d'eau avec les accessoires en plastique : les produits gras tels que les huiles de massage, les crèmes pour les mains, et toute substance contenant de la lanoline ou autres dérivés pétrochimiques en corroderaient la surface.

3. Enfiler un préservatif sur les parties que l'on introduit dans le vagin ou dans l'anus : le lavage en sera facilité.

4. Ne pas utiliser les mêmes jouets pour les pénétrations anales et vaginales.

5. Conserver ses accessoires érotiques à l'abri de la poussière, et ne pas les ranger sur une surface grasse.

6. Ne pas partager ses jouets.

Godemichés et vibromasseurs

Il existe des styles de jouets pour tous les goûts. Certains d'entre eux ont été moulés sur le sexe d'une star du porno, d'autres sur des gens ordinaires.

Il est essentiel de choisir un accessoire phallique qui vous convienne et qui soit facile à nettoyer. Nombre de femmes préfèrent la silicone parce qu'elle s'échauffe plus vite que le latex. Il semble que les godemichés et les vibromasseurs provoquent des contractions intenses du périnée au moment de l'orgasme, générant des sensations plus vives qu'à l'ordinaire.

Vous disposez d'un choix de tailles, matériaux et formes variés.

La taille

- Les dimensions vont de quelques centimètres à des objets gros comme le bras. Ces derniers restent à usage spécialisé.

- Avec ou sans testicules.

- Doubles : permettant une pénétration simultanée des deux partenaires.

Le matériau

Plastique (dur ou mou), latex, silicone, métal, caoutchouc, vinyle.

La forme

Droit, courbe, imitant le pénis, avec des aspérités, en forme d'œuf, télescopique, ou doté d'un petit « bras » supplémentaire pour stimuler le point G ou la prostate.

Jouets vibrants

On appliquera la partie qui vibre (plusieurs rythmes possibles) sur le clitoris, et l'on insérera la partie phallique dans le vagin. Cette dernière peut être rotative : le gland effectuera des mouvements de gauche à droite, ou encore des va-et-vient dont le rythme est calqué sur celui employé pour stimuler le clitoris.

La couleur

Les jouets phalliques sont de couleurs très diverses : fluorescents, noirs, roses, chair, blancs, rayés, ou parsemés d'étoiles.

Les harnais

Il existe des godemichés montés sur un harnais en cuir ou en toile, que l'on peut se fixer autour de la taille.

Comment les utiliser

- Respirez ! La respiration profonde augmente le plaisir.
- Messieurs, stimulez le clitoris de votre partenaire avec un vibromasseur.
- Insérez le jouet dans le vagin : les six premiers centimètres sont les plus sensibles.

- Insérez dans l'anus un jouet plus mince, vibrant ou non.
- Double branchement : certains godes-ceintures sont « équipés » des deux côtés, de manière à procurer une pénétration à celle qui le porte comme à celui dont elle s'occupe.

Certains vibromasseurs ou godemichés stimulent également le point G ou la prostate. Les « boules de geisha » ont l'avantage de renforcer les muscles du vagin : la femme laisse descendre la boule puis la fait remonter en elle. Les anneaux péniens permettent aux messieurs de prolonger la durée – et d'augmenter l'intensité – de leur érection.

FAITS HYSTÉRIQUES

Les Chinois, peuple ingénieux, avaient inventé des accessoires sexuels vers les XIIe et XIIIe siècles, tel le double olisbos ou phallus à deux têtes, capable de contenter deux femmes à la fois, et pourvu de deux ceintures de soie en son milieu. Un autre jouet se maniait avec le talon, laissant les mains libres pour d'autres activités.

La chirurgie

Je déconseille à mes lecteurs de subir des opérations supposées procurer une meilleure maîtrise de l'orgasme et intensifier les sensations. Nombre de ces interventions sont dangereuses ou génèrent des effets pervers.

Il existe deux procédés chirurgicaux destinés à augmenter la taille d'un pénis.

La première consiste à sectionner les ligaments suspenseurs qui rattachent le sexe au bassin. Au repos, le pénis paraît plus long. L'érection, en revanche, perd de sa stabilité, puisqu'on a tranché son support.

La deuxième opération consiste en une injection de tissu adipeux dans la verge (ces tissus supplémentaires auront été prélevés sur le patient). Ainsi le pénis devient-il plus large. Malheureusement, cette graisse excédentaire a tendance à être réabsorbée de façon irrégulière, ce qui donne au sexe un aspect bosselé. L'une de mes clientes décrit la chose ainsi : « On dirait une saucisse boursouflée ! »

De même, les femmes devant subir une hystérectomie insisteront auprès de leur chirurgien pour qu'il laisse le col de leur utérus, cette avancée très innervée en fond de cavité vaginale leur permettant de garder une meilleure réponse orgasmique. Une parenthèse qui s'impose ici : quand arrêtera-t-on d'ôter aux femmes leur utérus sans nécessité ? La plupart des hystérectomies ne se justifient que sur les relevés bancaires des chirurgiens !

Une bonne nouvelle, messieurs : on sait maintenant opérer de la prostate sans léser les nerfs. Ainsi le patient conserve-t-il sa virilité. Il se peut que les sensations soient endormies après l'ablation de la prostate, mais l'influx nerveux se rétablira dans tous les cas.

La gym de l'orgasme

L'exercice le plus utile, à mon sens, est celui qui renforce le périnée, le PCG (muscle pubococcygéen). Ce muscle soutient l'utérus, l'urètre et l'anus chez une femme. Il est de même connecté sur le clitoris, qui possède de longues « jambes », nous l'avons vu plus haut, le long desquelles les vagues de plaisir se propagent. Une femme dont le périnée est tonique connaît des orgasmes plus intenses et plus longs. De plus, elle ne risque pas de devenir incontinente dans son grand âge. Un homme, de même, éprouvera un plaisir plus vif si son périnée est musclé.

Un autre exercice (dit de Kegel) consiste à raffermir l'entrée du vagin : cela avive les sensations des dames, et plaît aux messieurs. Le plancher pelvien, chez la femme, est constitué de faisceaux de muscles : ceux, les plus extérieurs, situés près du clitoris et du sphincter urétral pour le premier groupe, et les muscles internes situés à l'arrière de l'anus.

L'exercice

1. S'allonger sur le dos, genoux fléchis, pieds au sol.

2. Placer une main sur le sol, et l'autre sur l'abdomen.

3. Contracter, puis remonter la région comprise entre les organes génitaux et l'anus vers le centre du corps.

4. Inspirer pendant la contraction, expirer en relâchant les muscles.

5. Une femme éprouvera la tonicité de ses muscles pelviens en insérant un doigt dans son vagin sur une profondeur de cinq centimètres, puis en contractant le périnée comme pour s'empêcher d'uriner.

Un homme tonifie son périnée en le contractant, ce qui fait tressauter son pénis.

Diverses techniques orientales, notamment celles du tantrisme, permettent d'intensifier la jouissance, et surtout de donner une autre dimension aux échanges sexuels. Pour les adeptes du tantrisme, le sexe est une voie spirituelle menant à l'illumination, participant de l'élargissement de la conscience et de la maîtrise du corps. Pourquoi ne pas travailler en ce sens ? Vos coïts deviendront alors des expériences mystiques.

9

SEXE ET TRANSCENDANCE

Nombreux sont ceux qui ont vécu avec un partenaire des orgasmes d'une qualité particulière. Qui ont eu le sentiment d'avoir bénéficié d'une grâce et accédé à une autre dimension. Or les adeptes du tantrisme savent reproduire, délibérément, ces états extatiques, et faire de l'amour physique une expérience transcendantale.

Les thérapeutes Jack Zimmerman et Jacquelyn McCandless parlent d'un « élargissement de la conscience », d'une expérience mystique, qui a cela de particulier qu'elle se vit à deux, simultanément, et par le biais du plaisir et de l'amour partagés.

Les philosophies orientales en parlent depuis toujours. Particulièrement les taoïstes chinois et les bouddhistes indiens adeptes du tantrisme. Ces écoles exploraient déjà la mystique sexuelle il y a sept mille ans. Ils affirment que le rapport physique touche au sacré et qu'atteindre à ce niveau devrait être un but pour chacun. Les adeptes du tantrisme proposent des rituels et plus de 65 positions, à pratiquer d'une manière et dans un ordre précis afin de connaître le nirvana sensuel.

SECRET D'ALCÔVE

Selon Margot Anand, les cinq vertus de l'amant(e)
« transcendé(e) » sont les suivantes : patience,
confiance, présence, compassion, clarté d'esprit.

Cette voie exige, pour qu'on s'y engage, d'être bien accordés l'un à l'autre et d'aborder la rencontre sexuelle comme une méditation.

Le tantrisme

Les pratiques tantriques sont maintenant connues en Occident, comme le yoga ou le bouddhisme zen. Venues de l'Inde et du bouddhisme, ces pratiques visent à transmuter l'énergie sexuelle en énergie spirituelle, une sorte de recyclage, au terme duquel on peut éprouver de longs orgasmes diffus. Il s'agit avant tout d'un exercice spirituel et d'une voie conduisant à l'illumination.

Les personnes pratiquant le tantrisme accordent une importance majeure à l'échange de sécrétions entre l'homme et la femme. Cette dernière offre trois types de sécrétions sexuelles ou élixirs spirituellement nourrissants – provenant des seins, de la bouche ou de la yoni (le vagin) – à l'homme, qui lui-même lui a donné du sperme. Dans les pratiques tantriques, l'homme devient Shiva ou la volonté divine qui se manifeste dans l'union créatrice avec Shakti, représentant l'énergie pure. La femme (Shakti) devient détentrice des forces secrètes et fondamentales qui contrôlent l'univers.

Lorsqu'on aborde le sexe comme une activité également spirituelle, l'orgasme devient un échange d'énergie entre l'homme et la femme. De cet échange naît une autre forme d'énergie qui vous donne le sentiment de fusionner avec votre partenaire. Les adeptes du tantrisme recommandent à l'homme de maîtriser son éjaculation, afin de procurer à sa partenaire – et de connaître lui-même – un plaisir plus grand. En effet, quand un rapport sexuel est trop hâtif, les substances chimiques que génèrent les caresses n'ont pas le temps de pénétrer le système sanguin, donc de procurer cette sensation de bien-être qui accompagne le coït. En d'autres termes, les amants n'ont pas le loisir d'échanger de l'énergie sexuelle ni de s'harmoniser – il peut même en résulter une impression d'épuisement.

Diverses techniques de méditation et autres respirations permettent de prolonger le temps d'excitation, ainsi que la durée de l'érection. Les positions proposées ci-après permettent de réguler le flux d'énergie circulant entre les amants. Il est de même essentiel de garder un contact visuel et de respirer sur le même rythme que son (sa) partenaire. Ce processus reste assez subtil. Aussi les amants devront-ils être détendus et avoir l'esprit apaisé.

FAITS HYSTÉRIQUES

On peut admirer, sur les temples de l'Inde, des sculptures érotiques qui laissent rêveur, tant les positions paraissent acrobatiques !

Ces positions étaient créées et pratiquées par des femmes consacrées, adeptes du tantrisme, qui s'entraînaient à l'art de l'amour depuis l'enfance. Pour le profane, qui n'a pas suivi une telle initiation, ces contorsions s'avèrent difficiles à réaliser – et inconfortables.

Érotisme mystique : le guide pratique de Lou

Avant de vous révéler les techniques de l'amour transcendantal, je vous livrerai les cinq clés de cette pratique, qui vous permettront d'atteindre un niveau de conscience supérieur et de connaître des sensations plus intenses.

1. Votre partenaire et vous-même devez viser la même chose. Autrement, vous ne pourrez vivre la fusion transcendantale.

2. Acceptez votre vulnérabilité. Cette approche spirituelle du rapport sexuel tend à donner une impression de vulnérabilité aux deux partenaires, car elle suppose une attitude plus réceptive et plus passive durant le coït.

3. Réservez-vous de longues heures de liberté sans interruption d'aucune sorte. Il convient d'entretenir un climat de calme et de conserver une grande ouverture d'esprit.

4. Il vous faudra peut-être du temps pour donner cette dimension spirituelle à vos rapports sexuels.

5. Gardez présent à l'esprit le but de la pratique : vivre une extase mystique avec votre partenaire par le biais d'un échange sexuel. L'objectif n'est pas seulement de connaître des orgasmes à répétition, loin de là !

Ne vous laissez pas impressionner par la tâche : les techniques et les positions sont assez simples à adopter. De plus, cette recherche spirituelle aura des conséquences positives, pour vous, comme pour votre partenaire. Margot Anand, dans son livre *L'Extase sexuelle*, affirme que la pratique tantrique aide les femmes à s'exciter plus rapidement et de façon plus totale, et à ressentir du plaisir dans tout le corps.

Quant aux hommes, ils apprennent :

- à mieux maîtriser leur éjaculation dans les moments d'excitation extrême ;

- à connaître des orgasmes de tout le corps sans éjaculer ;

- à exprimer tout leur potentiel orgasmique, comme le montre le diagramme de la page suivante.

SECRET D'ALCÔVE

Les Chinois considèrent l'énergie sexuelle comme l'une des énergies bioélectriques les plus puissantes qui soient. Pour les taoïstes, l'excitation sexuelle est génératrice d'énergie sexuelle.

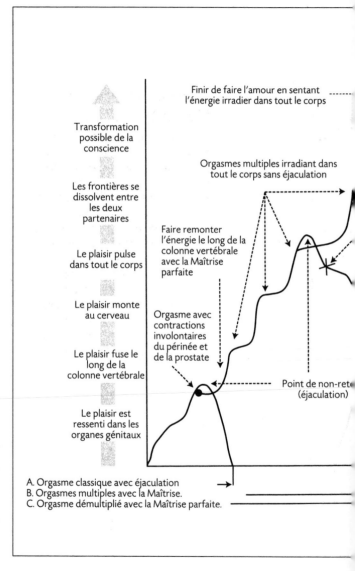

Finir de faire l'amour en sentant l'énergie irradier dans tout le corps

Transformation possible de la conscience

Orgasmes multiples irradiant dans tout le corps sans éjaculation

Les frontières se dissolvent entre les deux partenaires

Faire remonter l'énergie le long de la colonne vertébrale avec la Maîtrise parfaite

Le plaisir pulse dans tout le corps

Le plaisir monte au cerveau

Orgasme avec contractions involontaires du périnée et de la prostate

Le plaisir fuse le long de la colonne vertébrale

Point de non-retour (éjaculation)

Le plaisir est ressenti dans les organes génitaux

A. Orgasme classique avec éjaculation
B. Orgasmes multiples avec la Maîtrise.
C. Orgasme démultiplié avec la Maîtrise parfaite.

S'il y a
éjaculation,
on peut
utiliser la
technique de
la Maîtrise
pour
prolonger la
durée de
l'orgasme et
conserver
l'énergie.

LE POTENTIEL ORGASMIQUE DE L'HOMME

Au lieu de l'orgasme classique et soudain, avec éjaculation (a), vous pouvez stopper le flux de l'énergie sexuelle pendant les premiers spasmes (juste avant l'éjaculation) et avoir des orgasmes multiples irradiant dans tout le corps. Si vous éjaculez, vous pouvez utiliser la technique de la Maîtrise, qui prolongera la durée de votre orgasme et vous permettra de conserver votre énergie sexuelle (b). Si vous n'éjaculez pas, vous pouvez utiliser la technique de la Maîtrise parfaite, et finir de faire l'amour en sentant l'énergie irradier dans tout votre corps.

Les positions de base

Les couples de notre temps auraient du mal à prendre la plupart des positions complexes, élaborées, pratiquées dans le tantrisme originel. Charles et Caroline Muir ont étudié le tantrisme des années durant, puis en ont donné une version occidentalisée. Ils proposent cinq positions de base aux personnes désireuses de tenter cette approche spirituelle de la sexualité. Il existe des centaines de variations possibles à partir de ces cinq positions. Toutes ces positions se pratiquent dans un but précis : parvenir à l'unité du mental, du corps et de l'âme afin de se fondre dans l'univers et pas seulement de « prendre son pied ».

Le Yab Yum

Dans le Yab Yum, la colonne vertébrale est alignée dans le sens de la pesanteur, verticalement, ce qui s'avère essentiel pour aspirer l'énergie vers les chakras supérieurs, les centres d'énergie, et pour stimuler l'hypophyse, considérée comme indispensable à l'illumination.

Les deux partenaires sont assis face à face, le dos droit. La femme est à califourchon sur l'homme, lui-même dans la position du lotus, qui supporte le poids de sa partenaire sur ses cuisses. La femme enserre son amant entre ses jambes, et colle ses plantes de pieds l'une contre l'autre. Pour éviter de trop peser sur les cuisses de son partenaire, elle placera un oreiller sous ses hanches.

Selon Margot Anand, le Yab Yum est la forme ultime d'union tantrique. Les chakras ou centres d'énergie des deux partenaires se trouvent au même niveau, ce qui facilite la circulation de l'énergie sur un ovale parfait.

Avant d'adopter ce grand classique, vous pouvez vous entraîner en prenant une position plus simple, illustrée au bas de la page. Il est recommandé d'effectuer de petits mouvements du bassin afin de faire monter la tension érotique – et avant de s'installer dans le face-à-face plus intense du Yab Yum.

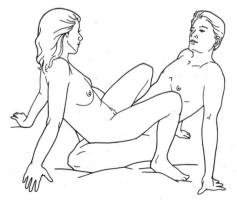

L'homme sur la femme

Selon les taoïstes, la position horizontale (avec l'homme au-dessus) respecte la nature foncière de la femme – qui est toute eau, fraîcheur et rythme lent. Cette position permet à la femme d'être d'abord passive, lui laisse le temps de recevoir, de s'ouvrir et de « se changer en feu ». La pointe de la langue restera contre le palais : cela est crucial pour que l'énergie se diffuse. Le second dessin met l'accent sur le mouvement de va-et-vient (pousser-tirer).

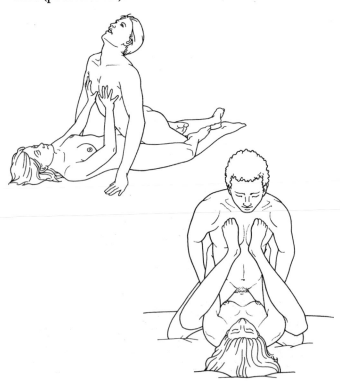

La femme sur l'homme, ou Shakti descendant

La femme prend ici un rôle actif : l'homme peut se détendre. Il lui est alors plus facile de faire circuler son énergie et de la diriger vers sa partenaire. Sur la première illustration, la femme se trouve dans une position idéale pour resserrer son vagin sur son amant (exercice de Kegel). Cela est crucial pour créer l'extase, comme je l'explique plus loin. L'énergie reliant le couple emprunte le trajet des chakras, comme on le voit sur le schéma en bas de page.

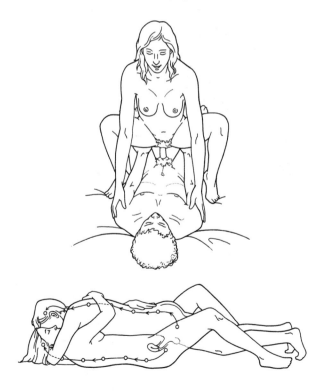

Les ciseaux, ou compléter le circuit

Les amants se font face, et se tiennent réciproquement les pieds : ils circonscrivent ainsi le circuit de l'énergie, tout en gardant le contact et en poursuivant la pénétration.

SECRET D'ALCÔVE

Selon Charles et Caroline Muir, le baiser magique, une technique tantrique, utilise le circuit énergétique existant entre le creux de la face interne de la lèvre supérieure d'une femme et son clitoris.

L'homme derrière la femme, ou le Tigre pénétrant

Les amants sont à genoux, l'homme se tient derrière la femme. Ainsi peut-elle resserrer son vagin sur le sexe de son partenaire, ce qui avive les sensations de l'un comme de l'autre. Cette position est idéale si la femme est peu profonde et que l'homme a un long pénis.

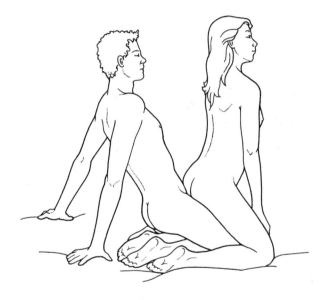

Les techniques

Comme l'explique le professeur Kenneth Ray Stubbs, cette philosophie pourrait se résumer à trois grands concepts :

- Le temps : soyez présent, vivez l'instant, oubliez toute pensée d'avenir.

- Le contact : gardez constamment le contact avec votre partenaire.

- La souplesse : enchaînez les mouvements souplement, passez sans heurts d'un moment de calme, de concentration à un autre rythme.

Si vous gardez ces trois règles d'or présentes à l'esprit en pratiquant les techniques proposées ci-après, vous augmenterez vos chances de connaître une extase mystique avec votre partenaire. Voici quelques autres recommandations à prendre en compte avant de choisir une position, extraites de *Sexologie du Tao*, le merveilleux ouvrage de Stephen Chang.

1. Afin de vous détendre complètement et de vous harmoniser avec votre partenaire, placez votre bouche sur la sienne, vos mains sur les siennes, votre sexe contre le sien, etc.

2. Pour vous exciter l'un l'autre, placez des parties du corps dissemblables l'une contre l'autre : bouche et oreilles, bouche et sexes, sexes et anus.

3. La personne qui bouge le plus (généralement celle qui se trouve au-dessus) est celle qui donne le plus d'énergie à l'autre. La personne qui se trouve en dessous peut également bouger pour accompagner le mouvement de son (sa) partenaire. Cela favorisera la diffusion, la circulation et l'échange d'énergie sexuelle.

« L'homme suce la lèvre supérieure et aspire le frein de sa partenaire, qui elle-même suce la lèvre inférieure de son amant, tout en visualisant le canal subtil qui va de l'attache de sa lèvre supérieure à son clitoris. Quand ce canal s'éveille, tel un conduit d'énergie sexuelle, il arrive qu'une femme ressente une excitation profonde du clitoris – ou ait un orgasme – du fait du seul baiser. »

Les adeptes du tantrisme adoptent une attitude particulière au moment des rapports sexuels : ils sont ouverts, détendus, ils communiquent à un niveau profond et subtil. Les positions représentées page 208 permettent chacune de stimuler un ou plusieurs points sensibles de la femme durant le coït.

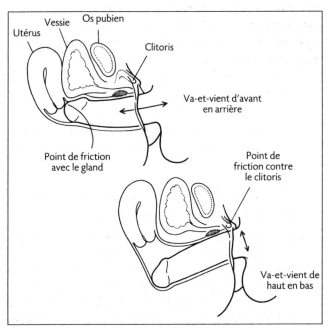

La femme pose les pieds sur les épaules de l'homme	**La femme assise sur l'homme**	**Par-derrière**

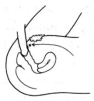 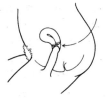 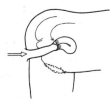

Pénétration profonde – stimulation du col de l'utérus	La femme effectue des va-et-vient de haut en bas – pénétration profonde, stimulation du col de l'utérus	Pénétration profonde – droit dedans

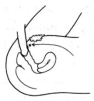 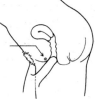 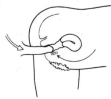

L'homme sur la pointe des pieds – stimulation du clitoris	La femme se penche en avant – stimulation du clitoris	L'homme sur la pointe des pieds – pénétration peu profonde, stimulation du point G

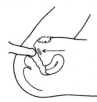 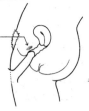 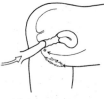

L'homme accroupi – stimulation de la paroi antérieure du vagin et du point G	La femme se penche en arrière tout en effectuant des va-et-vient – stimulation du point G	L'homme accroupi – pénétration peu profonde, stimulation du clitoris

Le Kabazzah

Il s'agit d'une technique orientale. La femme est assise sur l'homme, qui reste passif. Elle resserre son vagin autour du sexe de son partenaire comme pour le « traire ». Ce faisant, il convient que la femme soit détendue – ainsi que son amant –, et qu'ils goûtent pleinement les joies de l'union. C'est là une sensation subtile, une caresse lente. Plus l'homme et la femme seront concentrés sur ce serrement, plus ils en retireront du plaisir.

Le retrait

Cette technique appartient à la médecine chinoise. On l'appelle communément : le kung-fu du sexe. Son but est d'accroître le potentiel orgasmique. Ce procédé demande un peu de pratique, aussi, ne vous découragez pas, car le jeu en vaut la chandelle.

Lorsque l'homme se sent prêt à jouir, il interrompt ses va-et-vient et se retire de la femme jusqu'à environ trois centimètres de l'entrée de son vagin. Il lui rend ensuite des hommages moins pénétrants. Après quoi il revient plus avant – et ainsi de suite. Le secret de cette technique réside dans l'alternance de pénétrations profondes et plus limitées.

L'homme appuiera sur son périnée avec le doigt pour empêcher l'éjaculation – ou demandera à sa partenaire de le faire. Il s'agit d'un bon exercice pour apprendre à contrôler l'éjaculation, et à mieux en saisir les subtilités.

La vague voluptueuse

C'est la meilleure méthode, selon Margot Anand, à utiliser dans le Yab Yum. Je reprends ici sa description, simple et claire. Selon madame Anand, cette technique se décline en sept points :

Balancement du bassin

Les deux partenaires s'agenouillent chacun sur un coussin, face à face, sans se toucher. Après quoi ils prennent la position du lotus (mais sans forcer). Ils ferment les yeux puis se concentrent sur leurs sensations et leurs émotions. Ils balancent, ensemble, leur bassin vers l'avant, puis vers l'arrière. Et ainsi de suite, en frottant doucement leurs parties génitales et leur anus contre l'oreiller. Ils poursuivent ce balancement pendant environ cinq minutes, tout en se concentrant sur le plaisir – grandissant – qu'ils ressentent dans leurs parties génitales.

Cultiver l'excitation

Dans cette même position, et tout en gardant les yeux fermés, les deux partenaires poursuivent leur balancement. Ils amplifieront les sensations ressenties dans les parties génitales en contractant le périnée lorsqu'ils se balancent vers l'avant, et en le relâchant quand ils effectuent le mouvement inverse. Ce rythme sensuel entretient et accentue l'excitation. On ressent une chaleur et des picotements jouissifs dans le bas-ventre et les parties génitales.

Ouvrir ensemble la flûte intérieure

Vous êtes excités, prêts à ouvrir les yeux et à vous regarder. Essayez de synchroniser vos balancements, continuez à contracter votre périnée, restez conscients des sensations que vous éprouvez dans vos parties génitales. Conservez de même un contact visuel, afin de rester « en phase », et de vous unir davantage.

Inspirez profondément tout en balançant votre bassin vers l'arrière et en contractant votre périnée. Imaginez que l'énergie sexuelle remonte dans votre corps, puis sort par le dessus de votre tête. Expirez en effectuant le mouvement inverse et en relâchant le périnée. Pensez que l'énergie sexuelle descend dans votre corps, et en ressort par vos parties génitales.

Efforcez-vous de respirer sur le même rythme que votre partenaire, continuez à vous regarder dans les yeux, restez détendus. Essayez d'adopter une respiration rapide, puis une respiration lente. Après quoi trouvez le rythme qui vous convient le mieux. Bien que vos bouches ne se touchent pas, imaginez que vous vous embrassez par le biais de votre souffle.

La vague enjouée

Cet exercice se fait en musique, une musique sensuelle au rythme entraînant. Conservez un contact visuel, restez assis sur vos coussins et mettez la musique. Tendez les mains vers votre partenaire, puis suivez le rythme de la musique, paumes contre paumes. Après quoi, dansez avec votre torse, vos bras, votre bassin. Laissez votre respiration se calquer sur vos mouvements. Soyez conscient que l'un d'entre vous mène la danse. Inversez les rôles, éprouvez la différence.

À ce stade, Margot Anand suggère d'utiliser une huile de massage, et de vous masser l'un l'autre lentement. Quand vous vous sentez prêts, huilez, puis caressez le sexe de votre partenaire, tout en continuant à vous balancer langoureusement. Rapprochez-vous, et prenez la position de la vague. En d'autres termes, la femme grimpe sur l'homme, puis s'empale sur lui.

Connexion par le souffle

La femme enserre son partenaire avec ses jambes, celui-ci reste assis dans la position du lotus – utilisez des oreillers pour éviter les crampes. Lorsque vous êtes confortablement installés, détendez-vous pendant quelques minutes, tout en écoutant la respiration de votre partenaire. Recommencez à vous balancer et à contracter votre périnée. Bougez l'un contre l'autre, harmonisez vos mouvements.

Quand vous êtes prêts, embrassez-vous et imaginez que vous échangez vos souffles.

S'ouvrir à sa lumière intérieure

À ce stade, votre partenaire et vous-mêmes êtes de plus en plus excités, proches de l'orgasme. Comme le dit Anand : « C'est l'étape clé pour faire remonter l'énergie orgasmique des parties génitales vers le troisième œil – situé entre les deux yeux – et pour faire de cet échange une expérience mystique. » Continuez à vous embrasser et à échanger vos souffles. Fermez les yeux, faites rouler vos globes oculaires vers le haut puis concentrez votre regard sur le troisième œil. Aspirez votre énergie sexuelle en direction de ce chakra. L'énergie part de la région génitale, traverse le bassin, le ventre, l'abdomen, la poitrine, la gorge, et arrive à la hauteur du troisième œil. Retenez alors votre respiration, continuez à contracter le périnée, détendez le reste de votre corps.

Au bout d'un moment, déclare Anand, « il se peut que vous ressentiez comme une explosion de lumière, le passage d'une étoile filante, ou encore un feu d'artifice. Ce faisant, continuez à vous embrasser et à échanger vos souffles. Cependant que vous inhalez, votre partenaire exhale. Il retient votre souffle afin de ralentir votre rythme respiratoire et de mieux contrôler le flux de l'énergie. Poursuivez cet exercice pendant quelques minutes, et lorsque vous voulez cesser, faites redescendre l'énergie sexuelle du troisième œil jusqu'aux parties génitales. »

Le cercle infini

Lors de cette dernière étape, vous demeurez l'un dans l'autre et vous continuez à respirer sur le même rythme. Tandis que la femme inhale, puis exhale dans la bouche de son partenaire, elle se concentre pour faire remonter l'énergie située dans ses organes génitaux jusque dans sa bouche. Elle la transmet alors à son partenaire, qui reçoit son souffle en inhalant. Après quoi, il fait descendre l'énergie à travers son corps, l'expulse par son *vajra* (le pénis) et l'insuffle dans la *yoni* (le vagin) de sa partenaire. Ainsi, l'énergie sexuelle circule de l'un à l'autre, de façon continue, rythmée. Ici les amants ne retiennent pas leur respiration.

L'intensité de cette fusion peut conduire à l'orgasme si l'un des partenaires ou les deux le désirent.

L'orgasme tantrique

L'aurez-vous assez attendu, cet instant ! Vous allez à présent savoir comment atteindre l'orgasme ultime, tel un adepte du tantrisme. Je m'inspire ici de la description qu'en donne David Ramsdale dans son livre : *L'Énergie sexuelle de l'extase*. Vous commencerez par prendre la position du Yab Yum, l'homme pénétrant la femme.

1. La femme contracte ses muscles pelviens sans bouger le reste du corps, l'homme reste parfaitement immobile.

2. Elle ne bouge rien d'autre que son muscle PCG (pubococcygéen).

3. Caressez-vous, embrassez-vous, regardez-vous dans les yeux – sans bouger le bassin.

4. L'homme garde un rôle passif. Il reçoit l'énergie sexuelle que lui transmet sa partenaire.

5. Ayez l'esprit calme, soyez détendus.

6. L'homme répond aux serrements qu'imprime la femme sur son pénis. Ces sensations génitales excitent les deux partenaires.

7. Après un temps, il arrive que cette stimulation devienne très intense et donne envie de jouir à l'homme et à sa compagne. Celle-ci devrait alors réduire l'intensité des pressions qu'elle applique sur le sexe de son partenaire.

8. Au bout d'une quinzaine de minutes, dit Ramsdale, « vous ressentirez les effets d'un champ de force bioélectrique ». En d'autres termes, les sensations éprouvées se révèlent tellement intenses

qu'il vous semble ne faire qu'un avec votre partenaire et perdre conscience de votre environnement. Il s'agit d'une béatitude transcendante et partagée.

9. Continuez de goûter cette sensation aussi longtemps que vous le souhaitez. Ramsdale recommande de demeurer quinze minutes dans le champ de force afin de connaître un orgasme tantrique intégral. Lorsque vous choisirez de vous abandonner à la jouissance suprême, il se peut que vous vous sentiez exubérants, expansifs, comme transportés à un autre plan de conscience : dans un état d'extase spirituelle.

Cette expérience unique et irremplaçable ne peut se décrire et se vivre qu'en termes de mystique, elle met en jeu des ressources émotionnelles très profondes et puissantes. C'est pourquoi elle n'est sans doute pas à la portée de tout un chacun. Mais que ceux qui désirent la vivre n'hésitent pas à reculer infiniment les limites de leur potentiel orgasmique, au-delà de toute attente, et qu'ils soient heureux !

Remerciements

Je tiens à exprimer ma gratitude à toutes les personnes qui m'ont soutenue et encouragée.

- Les dames de ma famille : Dede, Katerena, Sherry, Lisa, Michelle, et Carolyn.

- Mon bras droit, Jay Rosen, directeur du marketing de la société Frankly Speaking.

- Tous ceux qui ont tenté cette aventure avec moi : Jessica Kalkin, Bernard Spigner, Maura McAniff, Kendra King, Raymond Davi, Bryce Britton, Priscilla Wallace, Sandra Beck, Alan Cochran, Christine Hildebrand, Nance Mitchell, Morley Winnick, Eileen Michaels, Mark Charbonneau, Liliana et Alo Moradi, Craig Dellio, Ron Ireland, Patrick Boyd, Flint Nelson, Paul Drill, Elaine Wilkes, Gwinn Ioka, Piper Dano.

- L'équipe de recherche : Penelope Hitchcock ; les professeurs Beverly Whipple, Patti Britton, Mitchell Tepper et Bernie Zilbergeld ; les docteurs Sherri J. Tenpenny, Gary Richwald, Joseph C. Wood, Stephen Sacks, Bryce Britton, Jacquie Brandwynne, Dennis Paradise, Dan et Shay Martin, Mark Fishman.

Table des matières

Du même auteur chez Marabout :
- *L'art de faire l'amour à un homme* (n° 2874)
- *L'art de faire l'amour à une femme* (n° 2875)

IMPRIMÉ EN FRANCE PAR BRODARD ET TAUPIN
32642 - La Flèche (Sarthe), le 17-11-2005.

pour le compte des
Nouvelles Éditions Marabout
D.L. n° 66366 - novembre 2005
ISBN : 2-501-04134-8
40-0743-1/04

2885